又市场

JG股市操作原理

JG 老师 著

广东经济出版社
·广州·

本書中文簡體出版權經城邦文化事業股份有限公司授權，同意由廣東經濟出版社有限公司出版中文簡體字平裝本版本，僅限中國大陸地區發行。該出版權受法律保護。非經書面同意，任何機構和個人不得以任何形式任意複製、轉載。

图书在版编目（CIP）数据

反市场/JG 老师著. --广州：广东经济出版社 2025.5. --ISBN 978-7-5454-9634-5

I. F830.91

中国国家版本馆 CIP 数据核字第 202573WD71 号

版权登记号：19-2024-049

责任编辑：陈念庄　李　璐　李雨昕
责任校对：黄思健
责任技编：陆俊帆

反市场
FAN SHICHANG

出　版　人：刘卫平	
出版发行：广东经济出版社（广州市水荫路 11 号 11～12 楼）	
印　　　刷：广东新华印刷有限公司南海分公司	
（广东省佛山市南海区大沥镇盐步河东中心路 23 号）	

开　　本：889mm×1194mm　1/32		印　张：8.5
版　　次：2025 年 5 月第 1 版		印　次：2025 年 5 月第 1 次
书　　号：ISBN 978-7-5454-9634-5		字　数：156 千字
定　　价：68.00 元		

发行电话：（020）87393830　　　　　编辑邮箱：Joycechen17@126.com
部门电话：（020）38306091
如发现印装质量问题，请与本社联系，本社负责调换。

版权所有　·　侵权必究

推荐序　帮助你在投资之海到达终点的指南针

知名投资博主　麦克风

JG 这本书的中心观点，就是"反市场"。虽然我的交易逻辑在核心上跟 JG 的交易逻辑是完全冲突的，但我完全认同把"反市场"这一概念内化为自己思考模式的一部分。巴菲特的伙伴芒格，曾经在 1986 年以"如何保证痛苦一生"为主题，对哈佛大学的毕业生进行演讲。他认为，如果想痛苦，就不要进行反向思考。在他的演讲中，提到了一个乡下人，这个乡下人说："我希望我知道我将来死在哪里，然后我只要不去那个地方就好。"我们在遇到种种难题时，如果进行反向思考，那么很多时候问题都能迎刃而解，投资也是。

JG 是经历过生死的人。2014 年他生了场怪病，被送进重症监护室。他甚至无法自主呼吸，可以说是真正在鬼门关前走了一遭。

  这场病改变了他对人生的看法。他开始积极分享自己的经验，经营博客、办社团、拍影片，因为有担任补习班老师的经验，他把很多时间花在教学与收集教学反馈上。JG 搜集并归纳整理大家的经验后，发现多数人在投资方面都走过类似的冤枉路，比如：学了一大堆方法，却不知道该用哪一种；遇到大跌就忘记原本定好的买卖规则，急忙卖出，又或者改成长期投资被股市套牢。

  关注 JG 的人，应该知道他常常强调"运气"和"暴赚"，甚至提出所谓的"暴赚公式"。有些人看到"暴赚"两个字，可能会觉得 JG 是个说大话的人吧！但当你看完这本书，咀嚼过沙场老手的深刻见解之后，相信你会对这两个字产生完全不同的看法。

  投资的其中一个关键是提高自己的心理素质，下面拿减肥作为例子。控制体重的基本方法就是运动和控制饮食，它们还可以细分成不同的形式。但是，为什么有那么多人知道方法，还是无法控制自己的体重呢？因为多数人无法控制自己：累了不想运动、心情不好就吃多点，于是永远无法养成良好的习惯。

  市场是一个充满诱惑的地方。有一位前辈曾对我说，大部分的人进股市，嘴巴上讲的是想要赚钱，实际上只是想满足冲杀的快感，这从他们的行为就看得出来。交易瘾跟烟瘾一样，戒掉不容易。对戒除这种交易瘾，JG 提出了一个非常简单的方法：写交易日志。我还是投资新手时，也会专门记录自己的交易想法与策略，定期回顾调整，并与其他人进行讨论。现在回想起来，那可能是我进步最快的一段时期。

请把这本书当作一个指南针，它能帮助你在茫茫投资之海中辨别方向。到达终点的路径有很多，至于要选择哪一条路，就是各位自己的事了。

自序　股市获利的真相

面对一堆高手，散户们凭什么赢？

若你是第一次看这本书，有可能发现里面的内容和大部分投资理财书不同。

这本书是写给想要改变现状的你的，而且我知道，会挑选这本书的读者，一定跟当年的我很像，有着爱自由的性格。

跟大家得到第一份工作时一样，我在23岁面试得到第一份正式工作后心里真的很满意。我在当年闻名台湾的儒林补习班得到了数学老师的职位。几个月前我还在为就业担心焦虑，这时却觉得自己前途一片光明。我每晚都迫不及待地和女友分享自己的进步，虽然月薪只有三万元[①]，但我总是充满斗志。

---

① 新台币。后文如无特殊说明，均为新台币。

我的工作慢慢步入轨道。相信大部分人都想让自己的收入增加，身为一个数学工匠，增加收入最直接的方式就是挑战股市。我永远记得当自己24岁宣告准备靠股市养活自己的时候，所有亲戚脸上满是担心的表情，只不过身边的人也都知道我的脾气，我想做的事一定会干到底，从来不怕失败。

好像太乐观了对吧？但我不担心，你也不必担心，因为乐观是战胜所有事情必要的养分，在任何领域，发誓不被打倒都是最重要的事情。

但乐观不等于盲目，我开始思考所有进股市的人都该考虑的事情。

在书店的金融理财类书柜前，我紧盯着琳琅满目的理财书籍，旁边有人在翻分析财务报表的书，有人在翻关于存股的书，也有人在钻研有关技术分析的书。

这时我才察觉，自己可能快要掉入一个大陷阱，内心瞬间充满了问号。

回想起来，我当时满脑子想的是这些疑问：

"大家都看一样的书，怎么做才能成为万中选一的幸运儿？"

"作者若真的是赢家，怎么可能把击败其他人的秘诀公开让我学？"

"即使作者真心让我学他的秘诀，我又凭什么比看过同一本书的其他人优秀？"

"有位退休的阿姨家里也放了满坑满谷的股票书，她为什么总是赚不到钱？"

最后我问自己：

"我比华尔街的那些天才聪明吗？赢家为什么是我，而不是他们？"

我认为，任何一个有志于在股市获得自由的人，都应该问自己这些问题。

为什么？

若找不出答案，只是认为先学一定会先赢，那么很可能是在逃避。

不知道在书店里站了多久，我的脑袋一片混乱，突然我想起中学时期好像遇到过类似的情境。

我想起所有的老师总是告诉我："认真才能得高分。"

在我成长的环境中，每当长辈或师长无法说服我的时候，**他们总是会说这样的一句话："我不会害你。"**

虽然老师们不会存心害我，但我就是想不通：全班一共40多位学生，如果大家的聪明才智差不多，每个人都听从老师们同样的"认真得高分"的建议去做，会遇到什么问题呢？

当时大家考高分的方法，就是把参考书全部买齐，因为老师们都说把所有题目做完就能得高分。

最开始我也像其他人一样狂啃参考书，也确实考得不差，但我发现这样实在很消耗时间，而且做这么多的题目难免要熬夜，过一阵子我就开始失眠了。

晚上失眠，白天上课就得补觉，结果正课没听到，回去做题目得花更多时间，长此以往，本末倒置。

有没有其他办法？

再次改变命运的股市叛逆

如果不照老师的方法作战呢？

如果不跟大家用一样的读书方法呢？

如果我用相反的方法甚至"利用"他们相信的公式，会不会好处更多呢？

"每个人生来不同，如果一群人都用同一套方法决胜负肯定有问题。"

我一直习惯这样思考：怎么做最有效率？怎么做才不盲从？怎么做才能在最短的时间内领先对手？

我听说能够把人教会才代表真的懂，既然是真的懂，就代表能考高分了是吧？

所以我开始计划把自己当成别人的参考书，把我学过的东西想办法教给他们，如果这个方法正确，我就能赢到更多东西。

为了试着把这些人教懂，我几乎把所有时间都用在整理和归纳上，同时也舍弃了所有的参考书，并且在上课时极度专心地听老师讲解。我试着把老师讲的重点画成树状图（有点类似现在的思维导图）和整理成自创的笔记。

最后我想办法把语文考试中所有做错的题目整理出来，将这份资料的内容教给我那几个好友。这样的资料整理一周做两次，每次不会超过 1 个小时（因为我晚上 8：00 前一定要回到家）。结果我从此不再和失眠做伴，还取得了不可思议的高分。

辛苦不辛苦我倒是忘了，但我这几个好友的语文成绩突飞猛进，我自己更是在高中联考满分 200 分的考试中拿到了 180 多分，除了作文以外其他题目我几乎拿到满分。

数学方面，从初三开始我也用一样的"个人方法"来获得进步。讲到这，大家会觉得我考高分是因为智商特别高吗？我想绝对不是，只是因为我不盲从且用对了方法。

考试固然不简单，但想在股票市场讨口饭吃才是难题。

比传统考试更复杂的台湾股市

记得2006年,我开完户,一有时间就去请教有股票交易经验的朋友跟长辈,他们其中不少人的口吻跟当年的老师们很像:"认真才能赚钱。"甚至有人语重心长地要我去学做财务报表,最好获得中级会计师资格证。他们是这样建议我的:"多去书店翻翻,作者的经验或多或少都会让你学到东西,学会如何赚钱。""每天都要阅读经济日报或财经周刊以提升股市灵敏度,久了便会成为大师。"

自中学开始几次尝试把主流看法反过来当武器并取得不少胜利后,我的大脑结构就演化成只要发现自己和多数人的看法相同,就会自动提醒自己小心变成盲从的一分子。

站在金融理财类书柜前,想起当年我也曾迷失在满坑满谷的参考书中,内心有个声音冒出来:"要远离大家都在用的方法!"

我看到不少有关如何用财报选出好公司的书籍,但翻开后脑子里马上出现几个问题:

好公司就不会跌吗?

股票涨跌和公司好坏是不是真的有关系?

过去的事情(财报)能够拿来推断未来吗?

如果做股票是统计学游戏，那我凭什么赢？

现在在很多网站不用几分钟就可以看到一家公司的财务状况，学看财报干吗？

这些想法是我翻阅基本面相关书籍时所浮现的疑问，那么技术面呢？

讲到技术分析，更是让我打心底里感到恐惧和产生怀疑。最多的是与K线相关的书籍，再者就是指标类书籍：介绍移动平均线、KD指标，甚至还有我一直笑称为玄学的波浪理论。

K线的变化很多很多，例如阴阳线、十字线、吊人线。更厉害的是，在大盘不同的地方，这些一样的K线还会有不同的含义。还有更耐人寻味的成交量，不同成交量还会使这些K线在意义上产生变化。

关于这些技术，我常常想不通也弄不清。

K线变化这么多，把全部规律背下来，这些规律以后就不会改变吗？

全部指标都是通过公式计算出来的，为什么不直接看K线就好？

如果指标准，那么大家看到信号以后一起买进，究竟谁是输家？

疑问真的太多，但基于想尽快在股市赚钱，大家都会选择先背再说。

我却觉得我一定要想通这些关键问题,如果方向搞错,那么即便我读完一整柜的书也没有用,毕竟我一个月最多只能读两到三本书,我希望用最有效的方法来学习。

一个补习班"菜鸟"老师的股市"菜鸟"年

决定进场后,我一天看10个小时以上的股市资讯,睡眠很少,更别提我当时还在上班——一个刚入行的补习班"菜鸟"老师,过着一大早爬起来发传单、下午2：00打卡的苦日子。

因此,我并不觉得炒股比一般工作轻松,只不过对我而言,学炒股比起考医师、律师、会计师这些在学生时代让我觉得很困难的考试容易得多。

很多人对我说,何必这么认真,研究股市慢慢来就好了,一点都不需要急。但我对股市相当恐惧,毕竟投资股票不像开早餐店,每卖一份就赚一份的钱。股市要么不进,要么多待一天就多一天赔钱的风险。

所以,当我进入股市的时候,我必须强迫自己找到赚钱的核心。这点和一般人学习投资的态度好像不太一样。

大部分的人是慢慢学、快快做,我是快快学、慢慢做。

不到一星期的时间,我归纳出了进入股市该做的关键功课。我从开始买卖到弄懂所有技术分析名词,大约只花了两个星期时间,接下来钻研基本分析的名词与术语也不超过一个月。

不仅如此,这一个月内我还看完了两本投资经典书籍,第一本是《一个投机者的告白》,第二本是《股票作手回忆录》。

在补习班工作一年多的时间里,我尽可能地省钱,能够在家里吃就不在外面吃,想喝饮料就用一罐麦香红茶替代。当我终于存到了近20万元的时候,我毫不犹豫地将钱全部投入了股市。

最开始我接触的是台指期货,一口小台① 23000元,我每次一拿到薪水就把钱存进去。几个月之后我辞掉工作开始专职炒股,然后就再也没有领过薪水,就这样和股市当了一生的朋友。

一千多个日子的训练计划

从我专职炒股的那一天起,就有很多朋友问我炒股的

---

① 小型台指期货,俗称小台。小台跳1点损益50元,期货单为口。

诀窍，我总是觉得没什么好对人说的，因为炒股一点都不难，我总觉得赚不到钱都是因为太浑。我的这些朋友有的做医生、有的做律师，我常对他们说，只要静下来认真研究，炒股一点都不难。

直到2014年我写博客分享专职操作经验时，我才开始接触各式各样的投资人。我慢慢发现认真炒股的人其实不少。只不过那个时候的我专注于追求个人自由，所以我在写博客3个月后，就开始制订带着全家一起环游世界的疯狂计划。

后来我进了重症监护室，我人生的整个方向改变了，我决定让更多的人能够在股市中得到自由。

因此，我在2015年训练了一批素人操盘手。我希望这些学生都能在股市顺利赚钱，也好奇大家能在股市赚多少钱。最后，我也想知道哪种性格的人赚得最多，哪种性格的人爆发力最强……

关于这些，我有太多想了解的，所以在训练结束以后，我和他们定期聚会见面，交换心得，定期记录，后续追踪，我也将这些过程拍成视频记录了下来。

就这样追踪了四年，超过一千个日子，我收集了可能全台湾最多的素人操盘手资料。

我终于发现了一般投资人在股市获利与亏损的部分真

相。这个研究并不容易，目前也还在持续地进行中，我期待自己有一天能找出全部的真相。

当年第一批训练的学生里面有工程师、医生、教授、公务员、学生、退休人员。有人操盘资金只有 20 万元，有人却有上千万元的操盘资金；有人以专职炒股为目标，有人却从来没想过离开职场。

根据我在 2017 年的统计，即便第一批训练的学生中有七成是获利的，但仍有两成多的人收益很不稳定，他们中一些人是明明有好机会却不敢下单，另一些人是遇到机会下得太大、太重，舍不得按照计划投钱。

所以，我后续找这些学生持续做访谈和指导，发现他们的技术虽然足以赚钱，但是内在强度不足，此外，他们的操作方式可能不适合他们的个性或生活习惯。从指导这些学生的过程中，我终于发现了最重要的真相：**在股市获利只能用个人化的方法**。

抢救股民大作战

以我对股市多年的认识，能给投资人的帮助应该远不止如此，我能玩的游戏应该还有很多，我更希望能提供最真实的股市资讯给大家。

2018 年我开始制订做自媒体的计划，《JG 说真的》频道中的《抢救股民大作战》我以一对一指导、类实镜秀的方式呈现。里面的股民一半是新手，一半是老手，但在股票市场，认真的态度都没办法帮助他们赚到钱。

另外，我采访的股民都有一个共通点，那就是他们都是无良炒股课程的受害者。

这些股民都很认真，杂志就不提了，书都买过不少，也会付费订阅新闻资讯，甚至每个人还会花大钱去上标榜"轻松赚、稳稳赚"的炒股课。但过了几年，他们口袋里的钱不仅没有变多，负一屁股债的反而大有人在。

有个股民花了30万元报名，在上课的时候就觉得自己被骗，因为超过90%的内容在书上就找得到。难怪投资人上越多课赔越多钱，上了课反而更生气。

原来，大家赔钱不是因为不用功，而是被误导了，然后往错误方向过度用功。

还记得我刚进股市，站在书柜前内心产生的那些疑问吗？

"大家都看一样的书，怎么做才能成为万中选一的幸运儿？"

"作者若真的是赢家，怎么可能把击败其他人的秘诀公开让我学？"

"即使作者真心让我学他的秘诀，我又凭什么比看过同一本书的其他人优秀?"

"有位退休的阿姨家里也放了满坑满谷的股票书,她为什么总是赚不到钱?"

"我比华尔街的那些天才聪明吗?赢家为什么是我,而不是他们?"

我相信,只有出一本自己心目中认为真正够格的股票书,才能回答当年我在书柜前问自己的这些问题。

要成为赢家不在于智商,不在于有多少钱和时间,更不在于有多认真或学到什么神奇招数,而在于有没有找到正确的方向,甚至"反过来看"。

我希望这本书能让大家彻底搞懂反市场的观念,因为这是我相信能够一辈子致富的股市真相。

在此,我打算先告诉大家"JG 8 原则"。

【JG 8 原则】
1. 股票市场就是赌场。
2. 务必和股市预言保持距离。
3. 用财报选股,离暴赚太远。
4. 暴赚,是最健康的股市态度。
5. 当然要知道输家的下一步。
6. 优势是决定输赢的关键。

> 7. 赢家第一课——风险报酬比。
> 8. 要赚一辈子,一定要有全面性的操盘力。

这是我专职炒股生涯的总结,也是训练了无数学生的经验概括。这些原则除了可以让大家更快掌握反市场的思考方法、稳定报酬率之外,也是我认为最容易在股市致富的基础。

这些原则也会呼应本书所有内容,想了解完整细节的朋友,可以先翻到第 8 章。

前言 成为股市赢家的哥白尼式反转

说真的，够夸张。

过去有一段很长的时间，所有的人都觉得地球是世界的中心，太阳绕着地球在旋转。

当时人们的认知非常落后，所以当哥白尼提出伟大的地球绕着太阳运转的"日心说"时，每个人都对现在我们习以为常的真相嗤之以鼻。

一直以来，大多数的理财专家都告诉我们，能在股市赚钱，是因为分析能力强；大多数人也以为，在股市，看得越准的人越能赚钱。因此，预测未来成了多数股民的股市课题。

大部分股民，前仆后继地把时间花在研究各种技术形态、指标（技术分析），或是财报、产业趋势、世界总体经济走势（基本分析）上，结果赚钱的人还是少数。在股市获利并不简单。

长久以来的以讹传讹，导致股民们觉得要赚钱就要学会超强的分析技术。然而，业内的操盘手不免会替这些努力的股民感到可惜。

在股票市场，赢家往往只有那少数的一成。

请问，剩下的**九成输家哪个不会分析**？

想在股市赚钱，我们必须做哥白尼式的反转。

请试着将你脑中的分析放下。

把"善用运气""买卖技巧"和"利用情绪"重新放在中心点，你将会发现整个股市将完全不一样。

相信"地心说"的人虽然搞错了事实，但还是可以安居乐业、生活无虞；而在股市，如果方向不对，那就会掉入"赔钱地狱"。

我叫 JG。

我一生中只做过两种工作：**股市里的与股市外的。**

从哲学系毕业后，我的第一份工作是在补习班当数学老师，上班一年后我就辞职了。接下来我专注于股市操盘十几年：写股市博客五年、训练股市投资人四年、做股市新媒体三年。

我从为了生存做股票（炒股），到为了自由做股票，最后到为了理念而做股票。

在股市里，标准答案通常是毒药。因此，在这本书里，我不会只给大家答案，而是会尽可能引导你往正确的方向思考。只有你自己走过一回，才能获得属于自己的赚钱能力，靠自己的判断才能踏实安心地赚钱。

如果你刚进股市，那么我恭喜你，因为你将从这本书开始形成"干净"的股市观。

但如果你已经进入股市一阵子，甚至是老手，也请不要灰心，这本书最重要的目的就是让认真的人反败为胜。以我多年的训练经验看，在股市摔得越重的人，只要方向一反转就能赢回越多，替一直以来努力的自己讨回公道。

我写这本书的目的很简单。既然我已经在网络上分享了这么多观点，那么我希望通过这本书带着大家做简单的体验，陪着大家一起从"反市场"的角度重新看待股票世界，我相信你能够瞬间看到那条赚钱的线的运转轨迹。

以下是我十几年股市操盘过程中，经历过的三个阶段的赚钱模式。

第一阶段：一年赚三倍（大杠杆暴赚）。

第二阶段：一年赚三成。

第三阶段：三年赚一倍（累积暴赚）。

大杠杆暴赚，要靠天赋或是非常努力成为专家，这并不容易。

累积暴赚，通过反市场思考与利用好运气，人人都有机会实现。

我在操盘的后期，发展出一套可以兼顾生活品质与高报酬的赚钱模式，就是累积暴赚。随着认识更多操盘赢家，加上训练投资人的经验（这些学生大部分是上班族、专业人士或接近退休人员），我越来越确定这套累积暴赚（简称"暴赚"）的操作模型，非常适合大部分想在股市实现长期致富的人，甚至连专职操盘手都能用。

暴赚操作模型可以浓缩成简单的以下公式：

暴赚＝看对＋下大＋抱住

当你看完这本书，就会了解暴赚公式的用法。

本书有3篇：

第1篇，我想带你了解股市致富的真道理：反市场。

我常说做股票是一个推理游戏，如果你想赢得这个游戏，就得先搞懂反市场。

大多数股民因为都看市场上相似的书，学市场上相似的主流方法，所以根本没有自己的优势。

反市场

股票市场是个赚新手钱的赌场，假设我们的策略跟别人的策略一样，那就死定了。

如果你要赢钱，就得想办法知道对手的下一步动作。巴菲特说："上了牌桌30分钟，如果你看不出来谁是输家，那么你就是输家。"

我现在马上带大家进行一次反市场思考，你就会了解这个思想的威力。

举例来说，大家应该在股市听过所谓的"真突破""假突破"，我们只要在网上搜索这两个关键词，就会有一堆股市达人告诉我们如何分辨真假突破，但只要你尝试过就会发现，要辨别哪一次突破是真的，根本做不到。

但既然10次突破里有超过8次是假的，10次突破中至少有8次不会突破，那么大家想想，究竟为什么我们要在10次突破里抓出"真的"那几次？把每次都当成是假的胜率岂不是更高？赚钱不是更容易？

如果10次突破里面有8次是假突破，那么是不是在突破时反向操作才是真道理？

当你了解这一点后，你就会明白为何我在指导股民时，常会对他们说："打开你的对账单，看看是不是把买卖全部颠倒就变成赚钱了？"

在第1篇，你将会学到几个重要的反市场买卖思路：

1. 两种赢家类型。
2. J派买卖原则。
3. 反市场原理与操作实录。

第2篇，我希望帮读者绕开所有赔钱的冤枉路。

这几年我收到非常多股民的求救信，我对他们很多人进行了访谈和指导，发现大多数人都或多或少经历过以下过程：

（1）买许多的书与付费订阅资讯。

（2）参考许多"高手"的建议（包含坊间"高手"和身边的"高手"）。

（3）学好几套技术与方法。

（4）不知道到底要依据什么下单。

（5）下了单，因为情绪因素在错误的地方出场而赔了钱。

（6）赔钱之后不甘心，继续买更多书与付费订阅资讯，听更多"高手"的建议。

（7）几次大跌后，给自己一个凹单的借口叫"长期持有"，更惨者认赔"毕业"。

（8）想翻本，开始学高难度技术，做大量短线进出，却输了本金又赔了手续费。

（9）几年后，股市开始多头翻扬，这时觉得又有机会了，于是再度跳进股市。

坦白说，过去我始终认为大部分人在股市输钱都是因为不认真，但后来接触大量股民后才发现我错了，他们都非常认真，都是抱着想财务自由或让家人过好日子的动机而努力，可惜做的是跟其他人一模一样的努力，这才是他们输钱的最大原因。

我始终忘不了《抢救股民大作战》节目中一个受访者提的问题："为什么股市里没有一本书像学生时代的标准课本，照着做就可以及格或毕业了？"

先告诉大家一个坏消息：股市里真的没有标准课本，因为股市是人与人对决的赌场，照着标准做就死定了。

但同时也有个好消息：因为股市没有标准课本，所以每个人都有机会以自己的方式拿高分。

你会在第 2 篇，**学到两个少走冤枉路的方法**：

1. 了解股市中的人性——赢家都非常明白自己的弱点，进而避开失误。

2. 反市场思考——赢家如何利用"大家都知道"的股票市场主流看法来获利。

第 3 篇，我想要协助你锻炼内在情绪。

当你能够运用反市场的思考方法来进行买卖，又能把握人生的好运时，你会开始发现赢钱很容易。很多技术厉害的人最后输了是因为输给了情绪。

"一旦好运出现，就要用买卖来攻击，用情绪来防守。"

交易很难，因为你要控制自己；

交易很简单，我们只需要控制自己。

我会告诉你如何系统化地锻炼自己的内在强度，你会先学到什么是股市瘾，要如何去除。你也会学到怎么写交易日志、如何回测，以强化自己在股市中的情绪与心态，进入下单稳的境界。

股市有一百种人，就有一百种赚钱方法

最后一章，我会介绍我这几年归纳出来的赢家法则：JG 8 原则，并且提供 4 个客制化步骤，帮助你完善强化个性化交易系统或标准操作流程（Standard Operating Procedure，SOP）。

在我训练的这么多学生中，大部分人选择不完全模仿JG。大部分人来股市都想实现财务自由，但也都希望用自己的方式来实现财务自由，我也相信只有用自己的方法才能够累积暴赚。在本书最后我会统整所有知识点，带着你打造属于你自己的交易系统。

这本书的初衷是利用反市场的观念，帮助你重新看待股市。当你有了更大、更新、不一样的视野后，你就会在股市找到脱离现状的方法。

我衷心盼望你用自己的方法，获得自由。

实战回测 当你看到这个"实战回测"时，请务必花时间回测，如此，这些反市场的观念与技术才会被你的大脑记住（回测，就是把我们学到的股市知识或股票交易方法套用在过去，模拟看看会发生什么事情。详细操作方法请看第7章）。

目录 CONTENTS

第1篇 反市场：股市致富之道 …… 1

第1章 股市的两种暴赚模型 …… 5

第1节 我的股市人生三阶段 …… 9

第2节 对运气的信仰，决定你成为哪种股市赢家 …… 17

实例分享 1 三年赚一倍，脱离房贷陷阱 …… 21

第2章 J派买卖原则 …… 28

第1节 停损 …… 28

第2节 停利 …… 34

第3节 风险报酬比 …… 45

第4节 分批与加码 …… 59

第3章 J派核心原理：反市场 …… 68

第1节 不要相信技术分析（逆KD） …… 70

第2节 J派逆布林+极限加码法（暴赚实战篇） …… 84

1

第2篇　运用反市场思维，从此远离输家 ⋯ 107

第4章　不合人性，任何方法都会赔钱 ⋯⋯⋯⋯⋯ 110
- 第1节　稳定的陷阱1：复利 ⋯⋯⋯⋯⋯⋯⋯ 113
- 第2节　稳定的陷阱2：存股 ⋯⋯⋯⋯⋯⋯⋯ 119
- 第3节　准度的陷阱1：当冲 ⋯⋯⋯⋯⋯⋯⋯ 128
- 第4节　准度的陷阱2：高胜率 ⋯⋯⋯⋯⋯⋯ 133
- 第5节　预测的陷阱 ⋯⋯⋯⋯⋯⋯⋯⋯⋯⋯ 136

第5章　脱离输家的反市场思考 ⋯⋯⋯⋯⋯⋯⋯ 139
- 第1节　炒股是个推理游戏 ⋯⋯⋯⋯⋯⋯⋯⋯ 141
- 第2节　技术分析的误区 ⋯⋯⋯⋯⋯⋯⋯⋯⋯ 148
- 第3节　JG教你听明牌 ⋯⋯⋯⋯⋯⋯⋯⋯⋯⋯ 152
- 第4节　杂志选股大法 ⋯⋯⋯⋯⋯⋯⋯⋯⋯⋯ 159

实例分享 2　强化基本面获利的反市场思考 ⋯⋯⋯⋯ 164

第3篇　通过自我锻炼，增加内在强度 ⋯⋯ 169

第6章　建立赢家的心理正回馈 ⋯⋯⋯⋯⋯⋯⋯ 170

第1节　去除股市瘾 ………………………………… 171

第2节　J派交易日志：创造自己的赢家笔记 … 179

实例分享3　强化稳定度的一口单训练 …………… 194

第7章　回测，找出技术的弱点和优势 …………… 200

第8章　JG 8原则 ……………………………………… 212

第1节　成为反市场赢家的8个原则 ……………… 213

第2节　个性化交易的4个步骤 …………………… 224

实例分享4　挑战海外期货的多市场 ……………… 231

后记　股市是世界上最公平的战场 ……………… 236

扫码学炒股 **成为反市场操盘高手**

反市场延伸课程
JG老师的
反市场教学视频

牛市买卖速通
MACD和KDJ指标

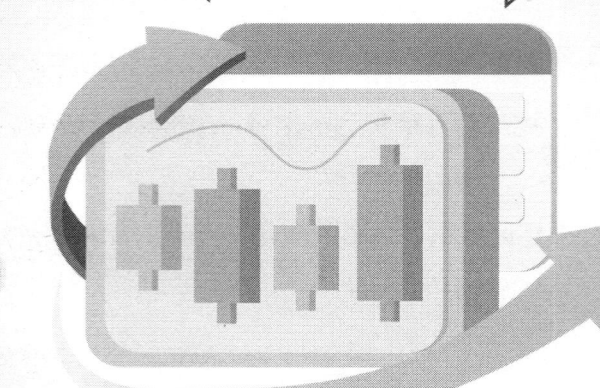

抄底案例指导
如何抄底，对比学习

常见骗局扫雷
警惕重重"欺诈陷阱"
守住你的不易之财

第 1 篇

反市场：
股市致富之道

输家
钻研技术
预测股价
恐惧卖出
只求稳定
冲动下单

主流思维 ← | → 反市场

赢家
享受策略
掌握人性
不怕不买
买对暴赚
锻炼情绪

运气重要吗?

在我发病前,我对是否存在运气其实没有那么肯定。尤其在每次获利了结后,我总是相信自己做了最聪明的决定,所有报酬都是理所当然得到的。

2014年,我做了一个对人生有极大影响的决定,我想,如果没办法像投资大师吉姆·罗杰斯那样拥有一家自己的基金公司,至少我可以像他一样环游世界。除了可以不被时间限制,我也可以不被空间限制而待在电脑前,我想自由地移动,得到属于操盘人的绝对自由与任性。

我带着全家人出发,在美国东岸待了两个多月之后,忽然间我想家了。当飞机落地台湾时,我突然感觉身体不适,两天后送急诊,随后进了重症监护室。我得了免疫系统方面的疾病,无法说话、全身不能动甚至无法自主呼吸。医生说有两个星期的观察期,如果两个星期内看得到恢复迹象,那就不用担心。

两个星期过去了,一点好转都没有,我想,死定了。

当我躺在重症监护室的时候,身体没有一处可以活动,但在这58天时间里面,脱离这种极端痛苦的唯一方法就是思考。

在这段日子里，我思考了很多：人生、孩子，当然还有股市。

有一天，我的身体突然有了起色，而且之后每天以惊人的速度在恢复，医生们和护士们纷纷恭喜我，说若不是意志力很强，病情不会有这种大幅度的好转。

我知道自己的意志力向来都很强，但我不禁怀疑，真的是这样吗？

在这整个从发病到恢复的过程中，我经历了一连串的巧合：

我是在下飞机的当天瞬间发病，发病时我人在台湾，而不是新泽西的公路上。

本来以为是单纯的中暑，完全没想到要去医院，我是到医院的半小时后昏厥送急救，昏厥过去时我人在医院而不是在家里。

更不用说，在我想放弃时，家人在我身边给我无限勇气。

回想起来，这一切都是上天给我的好运，人生谁能不用到运气？那么股票交易呢？我能赚这么多年真的是单纯靠实力，而没有靠运气？

一场大病，让我彻底清醒，我的运气很好，甚至可以说太好了。我仔细回顾过去的操作，我发现掌握好运，是我操盘赚得快的关键原因。毕竟我的买卖一直都不是仰赖预测，我做的所有动作都在试图放大好运和避开霉运，这让我在倒霉时赔不多，而当我拿到好牌时，赚到比其他专职操盘手还要多上许多倍的报酬。

掌握好运很重要，但大多数赢家都会刻意避开这个因素。

很多人都有在赌场拿到好牌的经历，在股市能遇到的好运远比在赌场多。在股市，好牌每年每月都不断出现在我们的眼前。**身处股市的我们，最应该做的就是规则化这些买卖逻辑，先假设自己有好运，然后尽可能一波赚到爆。**

这一篇要跟大家分享我的买卖世界观，介绍我如何在实战中放大好运，暴赚一笔。

第1章 股市的两种暴赚模型

股市的新手对赚钱有两种期待：一种是希望赚得快，另一种是希望赚得久。

想赚得快的新手基本上都是觉得自己掌握了短线的诀窍，可以通过快进快出获利的人。也因为这样，大家越做越短，期待能像日本新时代股神 BNF 那样，靠着股票当冲（对冲）累积数十亿日元的资金。

希望赚得久的新手的仿效对象不外乎股神巴菲特，他们希望靠着长期稳定的获利来实现财富自由，所以觉得赚钱只要慢慢来就行。

我长期跟许多一流玩家交流，也不断接触各式各样的投资初学者，发现绝大多数的股民若是太执着于赚得快、赚得久，很容易遇到实际执行上的问题。

其实这两条路线并没有错，而是大多数人都觉得自己的操作很科学，可以不看运气，我想跟大家说，用这种态度面对股市，实在是有点太过于理想化了。

在任何领域想要获得成功都需要一点运气，例如在台湾靠房地产致富的大部分人，其实是因为他们当时刚好有钱，而不是因为他们拥有一流的房地产投资眼光。即便巴菲特都承认，他们团队收购喜诗糖果、投资可口可乐等公司时，压根没想到会创造如此丰厚的利润。

当我越花时间去分析这些所谓的赢家时，就越惊觉这些人能在股市赚这么多钱的关键，并不在于他们买进前的眼光，而在于他们买进后怎么去处理它。所有这些超级投机家的共通点就是，在运气好的时候能够赚到翻、赚到爽，在运气不好的时候可以尽量赔少一点或者不赔出场。

读到这里一定有很多人醒悟，这就是所谓的大赚小赔。真正关键在于如何做到大赚小赔，这也是大家比较少提到的执行方面的问题。

如何做到大赚小赔

谈到执行，我要先跟大家谈谈自己的交易生涯。我这辈子90%的交易时间都在交易两大品种：期货和股票。

我刚进场的时候是操作期货，因为我的资金少而期货杠杆大,所以目标就是翻倍翻倍再翻倍。期货可以让我们交易 10 倍杠杆的商品（10 万元的资金就可以操作 100 万的期货）。因为有风险,所以首要目标就是赚爆它,这种方法属于小资金时期的大杠杆暴赚。

既然期货这么好赚,为什么后来我会想做股票呢？当我预期我下一波资金要超越 8 位数的时候,我同时也准备建立家庭,因此我当时心里想的是："如何不承担太多风险还能让资金继续增长？"

这算是我人生中第一次有要稳定的念头。当时的我跟大多数人一样,觉得投资股市就是稳定积累财富的正确道路。

只是没想到一有想要稳定的念头,这个看似合理的改变,却让我的投资生涯进入炼狱期,获利脚步开始停滞不前。

"稳定"两个字,让我陷入不靠运气的迷茫中。

把运气发挥到极致,累积暴赚

我开始思考一个问题：如果坚持稳定这么复杂,倘若人的一生终究需要一点运气,为什么不想办法研究如何把运气发挥到极致呢？

这个领悟让我的买卖战术再次大转变。我开始把在期货中使用的运气放大的操盘方法用在股票上，如果运气好就要赚到最多，如果运气不好我就一定要逃离出场。

我重新将自己的操盘观念调整为累积暴赚，这里的暴赚并不是一蹴可几的瞬间大赚，而是一种符合人性并善用运气来交易的大赚。我接下来想跟大家细谈我是如何一步步从过去的大杠杆暴赚，走到今日的累积暴赚的。

第1节　我的股市人生三阶段

回顾我十几年的股市人生，大概分成三个阶段。
第一阶段：一年赚三倍（大杠杆暴赚）。
第二阶段：一年赚三成。
第三阶段：三年赚一倍（累积暴赚）。

第一阶段我打算从市场翻身搏命。我当时在想，股票市场输家占九成而赢家只有一成，这个比例很奇怪，如果涨跌的概率各是50%，那么输赢为什么不是一半一半？一定是赢家有一些不为人知的关键技巧。如果无论是做期货还是炒股票都一定要掌握这些技巧，那么我当然选赚得快的品种。于是在2006年底，我正式进入台指期货市场，其中有两笔关键交易帮了我的大忙。

第一笔是2007年5月中旬，我用波段+当冲的操作赚了将近9倍的收益。

第二笔是2007年8月底，我同样靠期货用波段行情赚了将近 2 倍的收益。

大家不要认为这很夸张，其实，在期货市场这种情况是很正常的，因为期货是大杠杆市场，1000 点的涨幅本来就应该赚到 1 倍以上。从 2007 年 5 月中旬到 2008 年初这段时间，很幸运，我的资金从 20 万元增加到将近 400 万元，当时我是股票、期货都做，但以期货为主。

我相信大部分人都会觉得，单靠 20 万元赚到这么多，那么承受的风险一定很高。对，的确风险比较高。至于风险有多高，事实上我的操作在期货界可能只算是低风险操作，我的底线是如果遇到连续 3 天跌停板，我的资金至少还能剩 30%。

台股连续 3 天跌停板的概率其实非常小，事实上，从 2004 年到 2019 年总共 15 年都没有出现过。有些人说不能认为自己会永远好运，我也从不认为自己会永远好运，我只是认为没钱的时候就需要运气帮忙。很多人都说年轻就是本钱，那当然要趁年轻的时候拼一拼。

除了刚刚提到的风险，我对报酬率也有个底线，就是每次进场至少要有 600 点行情我才能赚到钱，而如果市场有机会涨到 1500 点我就有机会赚到超过 5 倍的收益。斟酌过风险和报酬率以后，我觉得很值得，从刚进市场到 2007 年 12 月这段时间，因为冒着值得的风险我拿到了对我来说很重要的利润。

此时我开始想，虽然做补习老师的收入很微薄，但现在身上已经有400万元，那我到底是继续承受这些压力及风险，还是让自己稍作休息，转向稳定？

因为专职操盘比任何工作都自由，且一个月3万元已经够用，我决定迈向专职操盘这个人生的下一阶段。但同一时间，我想把风险稍微降低一点点，报酬率也开始不要求这么高，所以我开始练习做股票。

成家立业的稳定陷阱

因为我每个月的花费不大，所以我开始把部分资金挪到股票上。股票这一部分，我的设定是一年赚30%。于是我开始了一条新的股市探索之路，我把它称为"高出低进"时期。

我刚进市场钻研的是波段操作。前面提到，我做期货至少都要抓600点到1500点的行情，只要真的有涨，我一定可以赚到50%甚至3~5倍，这是我最擅长的技术。但股票市场不一样，根据我研究股票市场得到的结论，大盘即使涨了一两千点，所谓的"好股票"可能也只有30%的涨幅而已。也就是说，若我们把顺势交易（详细说明在第2

章第 2 节停利篇）的概念用在买股票上，可能在一波行情中只能赚到 20%。

我心想，做股票赚到的钱，比起以前做期货一波可以赚 1 倍以上的成果真的差太多了，所以做股票绝对不能顺势操作，我一定要想办法高出低进。

> **高出低进的买法有三个重点：**
> 1. 买黑不买红，卖红不卖黑。
> 2. 只买龙头股。
> 3. 不顺势操作。

我在这一时期很擅长利用逆势赚价差，不求赚多，但求胜率高。因为搭配股票，我在期货上的操作也变得更有耐心。最开始资金的比例大概是 3∶1，即用 300 万元做股票，100 万元做期货。就这样过了几年，我的资金终于突破 8 位数，也顺利买到人生中的第一套房子。

而我的操作，也因为在买了房子后开始有所变化。

可能因为有房贷、家庭等压力，我开始变得越来越保守，越来越想要稳定。我每天都在研究更深层次的技术，想突破自己，我认为投资结果一定要能预测、预测结果一定要很准才行。当时我很疯狂，简直是想成为技术分析之神。可是，不管怎么研究，股票一年始终只有 30% 的获利。

因为很怕赔钱，我开始想要分配我的资金到相关性较小的市场（相关性小彼此间的影响就不大，长期下来获利会比较稳定，但获利成果会比较差）。

当我花时间去研究如何稳定获利后，才惊觉这是一条不归路，学术论文要看、研究报告要评估。而且，当几个我认识的"稳定赢家"相继"陨落"后，才发现他们所谓稳定获利都是暂时的，这其实是一种幸存者偏差。有些人或许在三五年内看起来很稳定，可是还没到终点就有超过一半人开始失控。最后我有个结论：想要做到不靠运气地稳定获利真难。我想，干脆拼一点好了。

"难道我要把钱全部搬回去做期货吗？"

我不止一次想过这个事情。我是天生的冒险家，我怀疑自己花时间研究股票其实不合自己的天性，是浪费生命。可是此时各种琐事缠身，自己不愿意回去职场了，因此想出一条更可行的路势在必行。

2012年以后，我走向了一个全新阶段，终于找回当年做期货暴赚的自己，决定把格局提升：**做股票也要暴赚**。

三年一倍的两种可能

其实，虽然做股票一年要赚30%的机会多的是，但是，想要实际做到非常难，把我的策略用在股票市场的话，停损一次赔5%，而赚钱一次顶多赚40%。我思考了很久，如果遇到突发状况例如国际局势导致股市大崩盘，那么即便是我，一年也真的有可能连三成都赚不到。

我脑袋一转，瞬间海阔天空：**我不要将目标设定为一年赚三成，改成三年赚一倍就解决了。**

我知道聪明的你一定会想，三年赚一倍和一年赚三成，不是一样的吗？

我以这几年来的亲身实践和大家说，这真的不一样。**一年赚三成的压力大、难度高，三年赚一倍的压力小、难度低；一年赚三成比较靠技术，三年赚一倍只需要一点点的运气帮忙。**

目标改成三年赚一倍的好处是，我终于可以接受自己买在低点等起涨、用时间换取空间、用等待降低对买卖准度的追求。

无论是用基本分析还是技术分析，这几年（2019年左右）很流行设定两至三成的报酬率，可是，因为报酬率设定得不够高，所以停损点当然也要符合风险报酬比才行。但停损点一旦设定得太低（例如7%），岂不是很容易被扫出去？想想看，一只股票假设是100元，跌7%到93元，我们被迫卖出的概率太高了，这意味着买点要非常精确，且我们的买点要在7%以内定胜负才行。

而且，大部分设定一年要赚三成的人，都必然会因为买卖逻辑而频频换股，买卖次数多，心魔就容易大增，交易成本也会增加，这不会是个好兆头。

但目标改成三年赚一倍就不一样了，虽然时间拉长了，但停损点的设定值相对也可以变高，而且可用的策略变多，不用要求一买就涨，只需要逢低布局，买卖的难度瞬间大大降低。更不用说生活瞬间变得无比轻松，因为我开始不在乎蝇头小利，而且这种做法才属于一流玩家的健康状态。

更意想不到的是，只不过把目标改成三年赚一倍，却让我有了不可思议的获利成果。我从来没想过做股票可以几个月获利就翻倍。

在这一时期我好几次在低档买进，本来以为股票至少要停摆3个月，结果不到一个月股价就起涨了，明明财报没有变化，这个公司也没有新消息，但股价走势却完全不讲理。当股价第一波起涨后，再过一阵子我就开始听到很多好消息，接着股价涨得一去不回头，这真是令人熟悉又愉快的节奏。

我的买进模型改成设定三年赚一倍，可是反而出现一年赚50%的成绩，甚至运气好的时候，一年半手里的股票就翻了一倍多。

我得到最宝贵的经验是，**不去强求抓住股票的涨跌时间，抓住获利会更容易**。到了这个时期，我才放弃成为技术分析之神的追求，不去预测股价何时会涨、何时会跌，更专注于获利，因为预测能力的高低不等于获利的多少。

最后，我专注于以下三点，让我可以实现三年赚一倍的累积暴赚成果：

1. 靠反市场找期望值最高的点买进。
2. 只挑选有重大改变的公司。
3. 不断增强自己的持股能力。

这三点最终转换成一个可以长期致富的暴赚方式：

看对，下大，抱住。

我发现——

当我们想要暴赚时，等待好机会买进的耐心就会变多；

当我们想要暴赚时，挑选的公司就会完全不一样；

当我们想要暴赚时，交易的次数就会变很少。

原来，这才是最舒服的股市赚钱之路。

第 2 节　对运气的信仰，决定你成为哪种股市赢家

近年来最有名的新时代操盘手是日本的 BNF，根据他在网络上的访谈以及我对他的研究，他是属于彻底不讲运气的极端技术派，主要做当冲（当日冲销），靠着短期的大量买卖累积获利，从大概 30 万日元起家，不到 7 年却拥有了数十亿日元的资金。

做当冲和做波段的差别是，做当冲完完全全要靠超高胜率才能快速获利，而做波段，胜率不高也能致富，这是两种完全不同的获利模型。

要如何判断自己是不是天生的极端玩家呢？

有个简单的标准，那就是看你是不是一碰股票就认为交易是个好玩的游戏，并且很快上手，每天只盼望赶快开盘可以进场去玩，接着大把大把地获利，享受赢钱的成就感。

但如果对你而言，股市交易不是这样一个好玩的获利游戏，我会建议你千万别去使用这些高难度的获利法。而

且，即便无法成为极端玩家，你也不需要对股市灰心，因为在这个章节，我会介绍两种赢家类型给大家参考。

务必找出自己的风格

撇除刚才提到的极端玩家，包括我在内的许多赢家走的是另一条路线，可以说是大赚小赔的运气型路线。实力型、运气型没有说哪一种一定赚得比较多，但我希望你在进股市以前先知道自己适合哪一种风格（表1-1）。

表1-1 你适合哪种风格

技术	风格	
	实力型	运气型
短线	极端玩家	大杠杆暴赚
波段	稳定高手	累积暴赚

实力型＝纯粹靠实力
运气型＝运气来临时大捞一笔

以我目前读过的股市书来说，多数人都会推崇所谓的稳定高手，这类稳定高手大部分认为股市可以纯粹靠实力，可以不靠运气。他们把压力尽可能地揽在自己身上，我以前也是如此，但这样真的太累了。

其实我在操盘人生的第一阶段,同样在追逐极端玩家的操盘路线,直到后来弄坏身体后,我才开始打算往一年稳定赚30%(一年赚三成)这种超稳定的方向迈进,但后来发现太稳定并不适合我——事实上可能也不适合大多数人——于是逐渐走累积暴赚(运气型)的路线。

所谓运气型高手有个主要精神:拿到好牌时狠捞一笔。

我相信大家都有打牌的经验,也一定知道人不可能永远只拿到坏牌,总有拿到好牌的时候,在股市也一样,你一定拿过这几种好牌:
(1) 选到一只年涨50%以上的股票。
(2) 一买进,股票就涨。
(3) 买到趋势一直向上的股票。

只不过,大部分人即使拿到好牌,也不知道怎么打好。

例如,尽管选到涨幅50%的股票,但买进点选错、太早卖出、买得不够多;

也有可能凑巧买到一买就涨的股票,可是涨一点就卖,或有赚钱机会不卖却等到赔钱才卖出,或涨一点卖出后看股票大涨不甘心却逆势放空；

也可能买到趋势一直向上的股票，但因为别的股票涨得比较快就把它给卖掉了。

我们在股市不可能只遇到坏事，好事我们一定也会遇到，拿到上面三种好牌就是股市中的好事，当遇到好事就是要大赚一笔的时候了。拿到好牌后还能让它持续发酵，就叫作好的策略，而运气型的赢家最重视的就是策略，他们不需要过度重视准度和技术，也不过分要求稳定。

根据这些年的训练经验，我发现大部分股民是上班族和专业人士，也有接近退休者。他们大多不甘心让资产停滞不动，向往有暴赚的机会，但也希望有个轻松的交易人生，不过基本上这些目标是互相冲突的。

他们之中极少人的个性像极端玩家，时间与精力也不容许他们做到稳定，但在接受我的训练后，很多人都愿意往运气型迈进，做到我说的三年赚一倍的累积暴赚。而实力型的人如果善加利用运气，好运气来临时更有机会大赚一笔，这就是实力型融合运气型的做法。

其实，任何在股市赚钱的人都需要运气，但大部分的输家认识不到运气与实力的差异，因此做不好运气管理——遇到好运的时候因为太贪心太晚出场，导致没办法获利；遇到厄运时又过度相信自己的实力或有不合理的预期，希望上天能多给点好运，最后无法凹单认赔杀出。

当你对运气有了全新观点，再结合反市场操作哲学时，你在股市的获利将有天翻地覆的变化。

在下一章，我希望大家先理解基础的买卖技巧，也就是所谓的停损、停利、风险报酬比及分批与加码。

买卖做得好，不但能让我们自在地做好运气管理，而且为实践反市场哲学提供了前提条件。

实例分享 1

三年赚一倍，脱离房贷陷阱

稳定高报酬的专职陷阱

阿威在认识我之前，本身是以做短线为主的投资人，他说自己每天短进短出压力非常大。在接受我的训练后，他才真的放下了极端玩家的追逐心态而转做波段，也因为阿威日常花销并不大，所以光做波段就足够满足他每月的开销，而且换来更多自己可支配的时间。

转做波段的他不但时间变多，心情也更放松，他回到像个年轻人的状态，还常参加社交活动。某次出游他遇见一个体贴又谈得来的女孩，两人交往一阵子后，他有了成家的想法，也开始产生买房子的念头。

想买房当然就会有房贷压力，他认为他现在的能力已经到了，只要再改回做当冲，就可以有固定的收入来交每个月的房贷。

在做波段做得顺以后会这样想是正常的，很多人都这样，阿威也是这样，有先前的做当冲的技术加上累积的资金，应该可以很容易做到稳定高报酬。

但当他一回到做当冲时，又开始浑身不对劲，随着资金扩大，他承受着比以往大10倍以上的波动，以前一天顶多几万元上下，现在当日赚赔都是十几万元起跳，阿威的睡眠质量开始一天天变差。

虽然他很想稳定，但不稳定的事实摆在眼前，他回去做当冲不到两个月，就赔上了令他无法承受的金额。

他问我："为什么我做短线技术好，却没办法克服心魔？"

这是所有优秀交易者尤其是专职操作者都会遇到的大关卡。

遇人生大事，要换暴赚模式

因为人生阶段的变化，专职操作者在一些时间点选择结婚、生子、买房，就会想转变成稳定高报酬模式，于是改变操作方法。这非常实际，但这种心态对交易来说往往是个大伤。

虽然阿威的家里在头期款（房屋首付）方面有帮忙，但他自己要负担的房贷部分，会让自有资金只剩下一半。

这就导致：资金变少还要追求原来的高报酬，一旦有稳定高报酬期望，那么操作可能就此完蛋。

进入股市十几年以来，有太多太多的人问我同样的问题：为什么JG的交易可以这么稳定？

这里说的稳定并不是每个月稳定赚钱，而是下单稳定。我的每一笔交易看起来都这么"淡定"。我该买就买，该停损就停损，最难得的是，不该下手我绝不进场。

做股票如果希望报酬率高，怎么可能稳定呢？要大赚又要稳定，那没多久你就超越巴菲特了，这是没道理的事情。

我跟阿威说，既想有高报酬又稳定，然后去改变操作方法，就是他现在遇到瓶颈的原因。

虽然他做波段的资金并不多，但获利成果却很不错，至少是一路从 30 万元的谷底爬起，到现在已经有将近原来 10 倍的存款。

我要他回想，现在跟过去做当冲有什么不一样。

他说需要固定大笔支出的现状，让他止不住地产生恐惧与焦虑。他觉得自己的技术应该做得到，但又担心明天没行情，会赚不到；如果明天没赚到，他后天就打算用更复杂的技术。这些内心冲突让他开始失眠，而失眠恰恰是做短线当冲的大敌，精神不佳就更容易失误，陷入恶性循环。

要突破这个瓶颈，我首先让他重新面对"股票市场就是赌场"这第 1 条 JG 原则。

接受这个观念，是要让我们彻底摆脱"可以稳定"这个幻觉。

我怀疑他早已忘了我说的话，他似乎渐渐地把股票交易当成和开早餐店一样。早餐店是有做就有钱，但股票市场不一样。我常提醒自己，做股票要大赚特赚，获利都是"老天赏脸"。我也把这句话送给阿威。

"老天赏脸"的意思，是指要有波动我们才能赚钱。

波动大，赚得多；波动小，不赔就偷笑，这是每个交易者都该看清的事实。如果没有波动，那么我们将无利可图。如果行情死寂不涨不跌，所有方法都终将失效，强求不来。

有没有看老天的这种认知，将会是两种不同的结果：

第一种，我赚到钱是我知道有行情，我觉得这里一定会涨。

第二种，我赚到钱是我刚好赌对了，我不知道这里会涨还是跌。

第一种结果会让我们变得自大，第二种结果会让我们懂得尊重市场。

JG 8 原则里开宗明义第一条：股票市场就是赌场。就是要大家对股市抱着正确的心态。

虽然股市和拉斯维加斯这种真正的赌城还是很不同，但相同的地方是，千万不要认为在这里可以稳定。

想要稳定？

今天做当冲赚 3000 元，明天就因为没行情但仍硬要进场而赔回去。

这个星期没赚钱，下周没行情却因硬要进场而赔回去。

聊完赚多赚少是老天给的以后，接下来我跟阿威聊心理层面：要尽可能远离任何产生现金流压力的事情。

我通常给专职操作者最大的建议就是：先不要买房子。如果结了婚，哪怕是租房子，甚至继续跟父母住也好。

我知道大家都想要稳定，也非常认同有些赢家真的能做到长期稳定（其实稳定的难度非常高）。很多专职操作者手头的资金做操作足以谋生，生活品质也不错，但他们面临的关卡是：资金如果交完头期款，剩余部分便难以维持每月的生活费和房贷。

任何想成家立业但手头资金并不充足的专职操作者，在我看来他们都处于一无所有的打拼期。如果高估了自己的技术，觉得能做到稳定高报酬，就会误判形势而产生生活压力，这会让本来颇适合操盘的你，瞬间进入人生炼狱。

以阿威目前的资金水平，我给他的技术建议还是继续做波段，不要心急，每年绝对有机会抓到几个好买点，买进后持有半年或是一年后进行暴赚。

当然我也知道年轻人还是会心急，因此我同时请他挪出一部分资金做大杠杆，不管是做短线还是期货，主要资金部分则照我常建议的累积暴赚模式，将目标拉大到三年赚一倍。如此一来，专职操作者的交易心态会开始变得比较稳，重新进入良性循环。

这笔资金叫作冒险资金，这个操作方法是将大杠杆暴赚心态用于管理小账户，管住想赌的冲动。

2019年5月，中美贸易摩擦越来越激烈，这波下跌几乎没有多单买点，我的训练也以做多为主，因此我的大部分学生不会轻易放空。我问了阿威，他没有硬进场，目前是空手。

改成做波段的他，如今的操作资金已经来到500万元大关。他说不买房子以后，加上三年赚一倍的观念，操作真的轻松很多。我期待他可以早日买到自己想要的房子，但实际上需要多久，你们知道的，三个字：看老天！

第 2 章　J 派买卖原则

第 1 节　停损

我想先谈为什么我们需要停损（停损点）。

市场上对设定停损最流行的说法，是为了防止亏损扩大，但我希望大家换个角度来看停损。我认为卖出赔钱的股票，更重要的是为了让我们掌握更多更好的机会，让我们把握未来的大好买点以赚取暴利。

这是两种完全不同的心态，一种是怕赔钱，一种是为了掌握机会。

人的本性是不希望面对损失的，这也是为什么我们常常不愿意停损出场，因为一出场我们就必须承认自己的错误，一卖出赔钱的股票，就等于宣告自己真的看错了，宣布自己这段时间白忙一场，这的确很痛苦。

在股票市场，我们总会情不自禁地和他人分享自己对于标的的看法，分享自己的买进价位，甚至会跟其他人说未来的涨幅可能会到哪里。这些分享都会造成不必要的情绪负担，都是让我们选择凹单不想停损的原因，毕竟如果卖出后就大涨，那就可惜了。而我现在，就是希望正在看这本书的你扭转这个"可惜"的心态，进而成为股市里最冷静的一群人中的一员。

前面提过，我每次买进股票都会设定停损，而这个停损就像是进货成本，也就是说，这笔停损的钱，是在买进的当下我就想好的"花费"。用生意来比喻，我们可以把它想成做生意的增值税、开店费用或人事成本。总而言之，停损虽然还没发生，但是我希望大家把它当成一笔买机会的费用。能想通这点，停损点的设定就会变得更合理，执行起来也会变得更容易。

我一点都不怕停损，对我来说，停损的钱就是股市的入场券。

买进前该做好的三个步骤：
1. 设定停损点。
2. 把停损点当成进货成本，出场前就要当这笔钱已经消失。
3. 清楚这个停损点位的实际意义。

刚才已经把前面两点说得差不多了，现在我们就来谈停损点位在操作上的实际意义。

传统的设定停损点的目的主要有两个：
1. 保障资本。
2. 设定一个可以知道自己看错的价位。

关于第一点我前面已经说过了，我希望大家把停损当成把握机会的成本而非亏损，这在心理学上的意义大不相同，一个是负面情绪，一个则具有正面意义。人要认错难，但大部分的人都能乐观面对明天，这是执行面上的问题。

第二点是害人最多的地方，**传统的股市观念认为停损点是一个"判断自己看错"的价位。我希望大家在读完这章后，彻底丢掉这个观念。**

举例来说，假设我们决定买进智邦科技（2345），买进成本为每股130元，大部分的人停损点都不会设得太高，我假设停损点设定在10%，也就是117元（130 - 13 = 117）。在这个设定下，大家会认为"如果股票跌10%，就代表我选错了"。

大家觉得这个想法合理吗？很奇怪的是，虽然不合理，可是大部分的人还是听取这样的建议，并且用这个方法来评估自己手上的标的。

刚才提到用130元买进智邦科技的股票，其实，这只是我们自己的买进成本，和智邦科技这家公司一点关系都没有。

股价从130元跌到117元，会影响这家公司的经营能力和财务状况吗？

股价从130元跌到117元，会影响5G产业的未来甚至公司营收吗？

股价从130元跌到117元，会导致大股东全部卖出、公司倒闭吗？

其实都不会，那为什么设定10%的停损点之后，就可以认定自己"看错了"？当然不行啊！

设定停损点绝对不代表自己看错了

刚刚提到的公司运营状况、产业趋势、股东动向，才是你真正的卖出理由，股价跌多少根本就不重要。我并不是说不用设定停损点，对我而言，设定停损点的意义是让自己把握其他赚钱机会，但绝对不代表自己看错了。

还有一派是从技术分析的角度来看股价，例如传统技术派认为股价如果在月线或季线之上，表示公司运营没问题，很安全；如果股价跌破月线或季线就表示公司有问题，最好先跑。但说到这里，我相信聪明的你一定也会想到，跌破月线或季线顶多就是股价跌，和刚才说的公司的运营状况完全无关，我们怎么可以认为股价跌破月线或季线，就代表公司运营状况有问题呢？

如果你用这些杂七杂八的方法设定停损点，那当然会在股票市场败得一塌糊涂，因为大部分的停损设定方法都不靠谱，它们和公司本身也没有关系。

设定心理停损点，保持冷静

除此之外，我个人也建议为另一件事设定停损点，就是"赔多少你会不舒服"，也就是心理停损点。

有些读者可能心里会想，赔多少会不舒服？这不是和公司经营无关吗，为什么 JG 会建议我设定这个停损点呢？

是的，心理停损点和公司运营无关、和公司的财务状况无关，而是和我们自己的心理状况有关。

做股票是一场心理游戏，一旦无法保持冷静就会赔钱，一旦亏损大到让我们害怕，就注定我们会输掉这场游戏。所以，我们在制定买进卖出的方法及确定买进卖出的金额时，一定要让自己保持冷静，将一个自己会害怕的赔钱金额当成卖出点（也就是停损点）是很有必要的事情。这种做法的理由，说白了就是：你愿意用多少钱来赌一只股票的未来？

这是完全撇除预测的做法。如果还是害怕，可以分批进场以进一步降低风险。分批买卖正是不预测股价的绝佳策略，想了解分批操作请看本章第 4 节。

反市场

第 2 节　停利

接下来要谈的是在赚钱的情况下出场,也就是停利(止盈)。

传统的设定停利的方法分两种:根据公司或者信号设定目标价。

有些人会根据公司设定所谓的目标价。以下是我简化的一则在 2019 年 4 月发布的关于智邦科技的研究报告,供大家参考。

举例来说,假设有法人针对智邦科技出具的最新研究报告指出:

> 外资看好交换器市场以及 SmartNIC(智慧网卡)需求,调高智邦科技目标价到 154 元并评等级为"买进"。亚系外资指出,乐观看好运营商级 SmartNIC 需求将成为驱动智邦科技营收成长的动能,尤其是 NVIDIA 近期并购 Mellanox,市场也看好其将带动 SmartNIC 普及化,预估运

营商级 SmartNIC 占去年至明年营收比重分别为 5%、12% 及 12%，一举将智邦科技目标价由原先的 147 元调高至 154 元。

（引文来源：中时电子报）

  文中提到，因为乐观看好智邦科技的运营发展，所以法人设定目标价为 154 元，这就是从消息和运营方面来评估公司的目标价。如果是用这种方法操作，那么一定要想清楚自己确定是要跟法人的单。很多人认为这很可笑，但这种研究报告其实远比散户们自己分析的准多了。

  只是用这种方法设定停利，要先注意一个问题，就是法人持有公司股票后大部分只做加减码，而不会像一般股民全数出清；我们买股票会设定停损点，但外资不是这样操作的。以这个报告来说，2019 年 4 月智邦科技的价位是 140 元左右，报告出了以后最低来到 110 元，也就是有 21% 左右的跌幅，此时法人根本不可能卖出，但一般散户却在此时出场卖在最低点，这就是最大的问题。

  所以，当我们讲到获利出场，如果我们的停利标准是依照法人的建议（假设此机构可信），很好，但你一定要注意自己的买进时机，否则即便法人研究得再准，我们也撑不到获利来临。

如果我们能撑到获利来临，接下来该思考的是该不该继续持有，这也是本篇要提到的人性问题。我希望跟大家聊聊，如何利用正确的股市观念来做到"快乐停利"。

首先，我们一定要很清楚自己是技术面还是基本面的操作者。每个人都知道 JG 是技术分析出身，但我却要告诉大家，技术分析不可能算出股票的目标价。

电视或网络上有很多课程告诉大家可以用爆大量的点位甚至股价动能指标或前一波的高点来抓目标价位，其实，这是做不到的。因此，并没有所谓的信号目标价。

老话重提，再问大家一次：

股价在什么价格爆量，和公司运营有关系吗？

KD 指标黄金交叉，和公司的未来展望有关系吗？

大户筹码能够控制一家公司和未来的景气程度（经济状况）吗？

如果都无关，那么公司未来的股价又怎么会和传统的技术分析有关系呢？根据我的实战统计，10 只在形态上一模一样且有爆量突破的股票，最后股价真的涨到目标价的大概不到三成，而这些股票通常都属于业绩真的有增长的公司。

所以，若要做到正确停利，一定要认清一件事，就是在技术面上没有任何判断未来股价的方法。这个主流谎言要先拆穿。

另外，股票要大赚特赚有两个轴：一个是持有时间，另一个是买卖效率。前者靠的是持有时间够长，后者就是买卖有效率，而这两种停利心态是完全不同的。弄清这两个轴，我们就能克服人性的弱点。

前面说停损要当成进货成本，买进就当作付入场券，那么停利，其实就要把赚的钱当成免费赌金。

假设100万元买的股票已经赚了10万元，当我们开始面对停利问题时，记得想象我们已走进赌场，因为运气好所以拿了免费的10万元分红，此时我们有两个选择：

（1）直接带着10万元离场。

（2）拿出10万元的一定比例下场再拼以求更大的获利。

大家看到这里一定会觉得很奇怪，好像停利竟然变成了要不要赌的哲学，而不是一个有固定模式的逻辑——当然，这才是股市里面没有人说出来的真相。

一般我们看到的，都是预测股价会到多少的资讯，因为作者如果不这样写，文章就没有吸引力。我要再次强调，股价不可能有办法预测。不需要预测股价就能获利，关键在于顺势交易。很多人都在讲顺势交易，却很少有人去讲顺势交易需要理解的人性，所以我想针对这件事跟大家聊聊。

前面提到的例子，100万元买的股票赚10万元后你该怎么做？一是拿了10万元就跑，另外是拿10万元继续拼以求更大的获利。我先就第一种选择开始聊，也就是赚10万元就跑所需要的能力和需要面对的人性难题。

股票买进股价就上涨有两个原因：一个是短线买点精准，所以买了就涨；另一个是短线上有值得上涨的好消息（这个一般属于公司内部消息，我们散户当下不会知道）。注意，因为这两种都是短线，一种是买点好，一种是运气好，因此重点是买完就涨要怎么处理。

如果你是买点能力强的，常常有办法在股价低档时买到股票，照理说你也可以用同样的技术能力在相对高档时卖掉股票，这就是我所谓的买卖有效率，买卖技术强。

如果你是这类型的投资人，那先把赚到的钱放进口袋是很好的决定。依照我训练学员的经验，很多这种所谓的买点派会因为卖出后看见股价又继续涨而不甘心，最后竟然因为这种不甘心而不理性地再次买入从而亏损。这种情况真的太多了，你们千万不要效仿。如果你也是这种类型的交易者，我想说的是你这样操作已经很棒了，因为你做到了"效率"。

抓到好的买卖点赚到10%，已经是非常有效率了，这时候我们该做的事情就是等待，耐心等待下次买点。

如果你是这种类型的交易者，依照不同的技术能力来讲，下次买进的机会可能在一个月后甚至是两到三个月后。卖出后没有买点是正常的，千万不要心急，一急，就会输。

我知道大家这时候可能会想，既然短线准度好，那倒不如多进去买一点股票才赚得多。但大部分人并不知道，真正适合一般人的股票买进点一个月只有一次，剩下的时间只能拿来停利或者等待，要么不看盘，要么就是等卖出。

新手亏损的原因比较复杂，但大多数老手亏损的原因，就在于停利后又因为急着赚钱，而去冲动买进别的标的。我常跟大家讲，台股的买点真的很少，只要不是在最安全的地方买，要么就是吃停损，要么就是本来有赚最后变成没赚。台股的好买点都是人们情绪造成的超级买点，这种买点非常少。我建议大家，如果卖出股票以后赚到了钱，一定要等一个月以上，至少跌个两三百点后，才可以做第二次买进动作。很多人听从我的建议后，绩效突飞猛进。

反市场

> **JG提醒** 如果你很擅长抓短线买点,表示你对恐慌情绪的掌握度很高,但别就此因为自己的技术分析能力高而频繁交易,务必等到下次股价大跌的时候才可再次买进。

台湾股市的好买点并不多,所以在台股有一个广为人知的好方法,就是买进后想尽办法进行顺势交易。

传统的顺势交易操作是:找出一条移动平均线(均线),例如月线或季线,当股价一直在月线或季线之上时就死抱,当跌破的时候才停利卖出。

这种传统的做法用意是"不吃鱼头,只吃鱼身",比如其中一种方法就是在股价起涨后,单纯靠均线带着我们出场。

例如我们在2015年用70元买进台化(1326)的股票,在股价起涨后我们就什么都不看,不管基本面、消息面还是筹码面,完全靠着均线来帮我们获利,那么我们可能会在79元的位置卖出。但台化的股票最高涨到了130元,这意味着我们买到了一只大飙股,可是却只赚了10%多一点就卖出了。如果买到飙股只能赚10%,这种停利方法在股市注定失败(图2-1)。

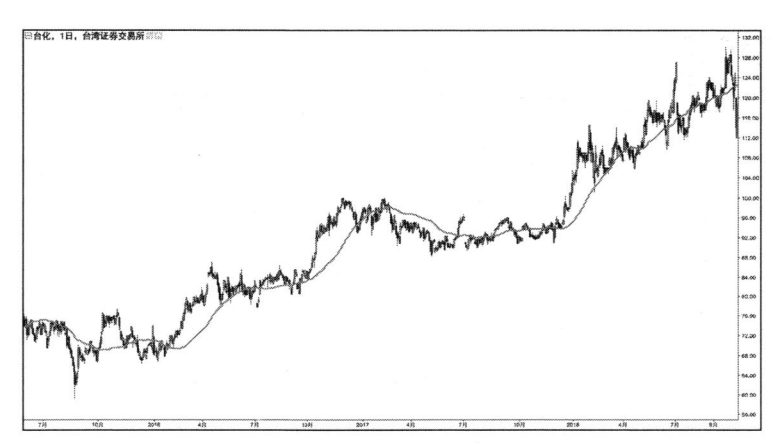

图 2-1　用传统的顺势交易法，即使买到飙股也可能只赚 10% 就卖出

这种传统顺势交易法，其实源自国外一个有名的交易训练机构：海龟交易训练班。

海归交易训练班教授的海龟交易法是著名的顺势交易法，当年这些操盘手的确用这个方法赚了很多钱。可是很遗憾，这个交易法在台湾需要改版才行，原因是台湾股市和其他地区股市有很大的差异。所以，我希望大家不要单纯地比照国外来用停利的方法。

相对于美股，台股其实是个震荡市场，涨多就跌，跌深就涨，属于超级大震荡，看似上涨却极为艰辛。而美股却是个超级大多头市场，只要有下跌就会很轻易地涨回来，且大多数的情况是头也不回地上涨（图 2-2、图 2-3）。光是这个差异，传统的顺势交易法在台湾就寸步难行。因此，我会建议大家用我的 J 派赌博式停利。

图 2-2　美股像个向上冲的火箭

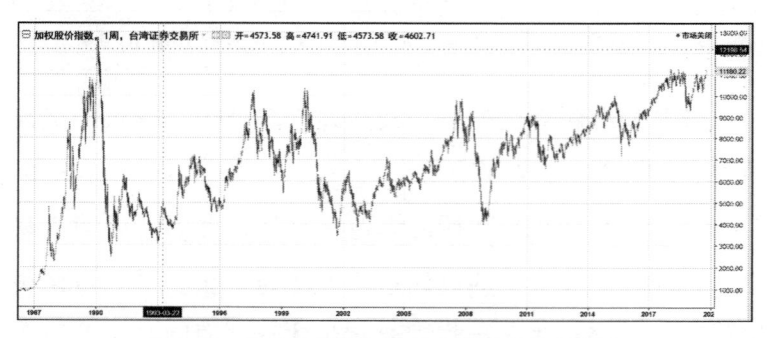

图 2-3　台股多年来却只是在大区间徘徊震荡

我这里提到的赌博式停利，是用股票的一半涨幅当作赌注的停利法，这是我觉得每个人都能在台股赚钱的有效方法。

而其中的诀窍，就是无论你是用基本面、筹码面还是技术面，每次买进都要预期股价会涨很多，否则绝不买进。请注意，如果你的目标不是和我一样要暴赚，那么赌博式停利就不适合你。

如果你也认同在股票市场就是要暴赚，那么我们已经有共识了。在这个前提之下，赌博式停利就是为了弥补大家在判断能力上的缺憾所发明的超级策略。

以台化为例，假设你在 70 元买进而且用均线当作进出依据，那么你很可能会在 79 元就获利出场（我建议在看这本书的读者同时打开股票软件）。如果你根据传统的价量指标来买卖，最晚也应该会在 82 元的时候获利出场。如果你愿意用我告诉大家的赌博式停利方法的话，虽然我们不会在最高点卖出，但至少也能在 100 元出场。尽管没有在 130 元的最高点卖出，却也赚了超过 40%，这就是赌博式停利厉害的地方。

实战回测 体验传统技术分析的限制

我希望看这本书的读者，可以对着台化的股价来做实验。想办法拿出所有你手上的技术指标或者财报数据来测试，只要你是用传统的技术分析方法，一定不可能从 70 元持有到 100 元以上。

亲爱的读者们，这已经是一只涨幅超过 80% 的股票，任何一种传统的技术分析方法竟然只能让我们赚个百分之十几，这绝对是天大的错误。我想跟大家说，请务必放弃传统的方法，这些方法很难让我们赚大钱。我建议大家用"策略"来取代这些传统观念，这样会更容易赚钱。

大家知道我是技术分析出身，而所谓的技术分析，其实只不过是分析概率。也就是说，在技术分析上有一些技巧可以判断未来涨跌的可能性，但无论如何都没有办法百分之百确定结果。而且我想告诉大家，其实大部分真赢家都承认，所谓的"概率"不过是个极为抽象的概念。

赢家并不会告诉你明天一定会涨，也不会说有八成概率会涨，真正的赢家都知道技术分析并不是要算出真正的概率，技术分析的本质是只需要知道大概就够了。

以我自己来讲，我也是根据自己的经验来买卖股票，觉得某些买点比较好就买进了，根本不管几成概率会涨。对我来说，买点好就是致富方程式。我在股票市场很珍惜我的买点，所以我所有的策略都是以买点来设计的。

当我做短线的时候，我只在好买点买进，好卖点卖出，因为我对自己的短线技术有信心。但如果你是股市新手，我希望你所有的技术分析都专注在买，而卖，看老天就行。大部分人在股票市场之所以失败，就是因为太想通过技术分析来卖出，尤其是大家都喜欢做波段。以做波段来说，觉得可能会跌就卖出股票是最可惜的事情。

第 3 节　风险报酬比

大家都知道我一直强调买点，买点好实在太重要了。而所谓的好买点，一定要搭配够好的风险报酬比（简称"风报比"）。好买点不能只是一买就涨，一买就涨可能是好运，如果不符合风报比，那么即使这只股票未来会涨，我认为也不适合在当下买进。

我看到网络上很多人关于股票的讨论大多时候都是关注公司好不好。这样的思考方式就不具有操盘的全面性，而且是被传统观念影响的——大家鼓吹只要公司好就可以买进，甚至更夸张的是，有人认为只要公司好，即使买进后股价下跌也不用理。

如果你也是买好公司的教义派，请看第 5 章第 4 节的实例分享 2（小温篇），彻底了解股价涨跌的真正原因。

我现在要告诉大家的，是股市真正获利的买卖观念，也是我的 JG 原则第 7 条：赢家第一课——风险报酬比。

风报比，就是"停损∶获利"，对大部分的人来说，

这个比例至少要 1∶3 才行。也就是说，停损如果设在 10 元，那么预期获利至少要有 30 元；停损如果设在 15 元，那么预期获利就至少要有 45 元。风报比是个极为重要的概念，任何一个打算进入股市的人都需要先弄懂它才行。

风报比同时是一个很个人化且很抽象的设定，我问大家一个问题，用你的直觉回答就可以：

"如果你手上有 100 万元的操盘资金，愿意赔多少钱来换一个赚钱的机会，是赔 5 万元、赔 10 万元，还是只要能赚，你甚至可以拿 20 万元出来拼？"

相信大家已经发现，这个问题好像少了什么条件。在这个问题中，我根本没有跟大家提到预期获利有多少，我只问大家愿意赔多少，这当然不合理。买股票就像做生意，我们除了要知道这笔交易做了后最惨可能会赔多少，更要知道在最好的情况下可以赚多少钱。

还有不少人在买股票的时候，只预估可能会赚多少，而不去预估会赔多少，这也是获利不稳的最大因素。

以我的交易操作来说，每笔交易的风报比至少要到 1∶3。如果这笔交易的停损设在 10 万元，那么我的获利预期至少要抓到 30 万元；如果停损设在 30 万元，那么我的获利预期最少就是要赚 90 万元。

所以我才说交易这件事情非常个人化，并没有标准答案。很多人在股票市场想要死背公式，可是偏偏风报比就是随时随地在变动的。

下面我给各位出一道填空题。这是希望帮正在看这本书的你永远记得风报比。大家先试填看看，下面的空格中要填入多少才符合1∶3的风报比（表2-1）。填完之后，我将继续带大伙往下一步迈进。

表2-1 风报比练习题

股票	风报比 1∶3	
	赔/万元	赚/万元
股票 A	10	?
股票 B	?	15

我相信你一定能顺利填进正确的数字，要注意的是，虽然股票 A 的亏损已经显示出来，赚 30 万元是符合 1∶3 的风报比的，但它未必是个好标的。也就是说，虽然有的股票的确符合 1∶3 的风报比，但最终，还是要看我们的承受力大小才能决定是否买进。

我认识许多投资人，他们技术有了、耐心有了，但因为不清楚自己的承受力，所以错用了技术，或者学的技术很多却一直无法获利，其中的关键就是不够了解自己。

有些人对于赔钱的感受特别强烈。以 100 万元来举例，他如果买进的是股票 A，可能赔到五六万元，晚上就开始睡不好，那他就必须放弃这只股。相反，股票 B 比较适合他，因为持有股票 B 虽然没赚多少，但承受的亏损较小，所以他的心态比较稳，相对能做出正确的买卖判断。每个投资人的个性不同，要更了解自己再来定制风报比。

在股票市场赚钱的方法很多，我知道大家刚进股市什么方法都想学，可是根据我训练学生的经验来看，其实每个人能够承受的心理压力差距很大，大部分人对自己能承受赔多少钱并不清楚，所以即便是学到好方法也没办法正常发挥。

例如很多人都知道不要追高杀低却还是做了，结果常常因为杀低后股票一路飙涨而懊悔不已，其实他们并不是什么都不懂，只是不了解亏损所造成的恐惧会对他们的买卖决策与获利影响有多严重而已。

所以我常说，学习方法与原理之前，我们需要先了解自己。接下来，我希望带着大家更进一步思考风险报酬比的意义。

我想问问大家，表 2-2 中哪只股票看起来有比较好的风报比？

表 2-2　不同股票的风报比

股票	可能亏损/万元	预期获利/万元
股票 A	10	30
股票 B	5	10
股票 C	30	120

我想大家应该可以很轻易地算出来，股票 A 的风报比是 1∶3，股票 B 的风报比是 1∶2，而股票 C 则是有高达 1∶4 的风报比。如果大家手边有好标的，我建议选择超过 1∶3 风报比的股票来考虑买进。

如果自认为心理承受力比较弱的人可以选股票 B，喜欢冒险的人可以试试投股票 A 甚至股票 C，因为比起赔钱，冒险偏好者没赚到大钱会更难受。

相对于拥有大资金的法人，散户其实是有优势的，因为法律规定法人必须把大部分资金丢进市场，散户反而有更大的资金掌控权。我们可以挑股票、可以等股价下跌后买进。做股票是一场心智的对决，考验耐力与决心。什么是耐力？没有选到够好的股票绝对不买。什么是决心？决定要买就不要怕亏损，机会来了就要强力执行。

在我的输家资料库中，我发现心急也是一种不够了解自己的表现。

以风报比来说，有些人因为股票名单有限，名单中的股票风报比最高可能只有1∶2，但因为太想赶快赚钱，于是让自己买进风报比不好的标的。假如股票名单真的有限，此时该做的不是心急乱买，而是不断去寻找好标的。嫌货才能套利，买股票一定要比买3C产品还要斤斤计较才行。

而我所谓的斤斤计较，就是要大家挑选风报比在1∶4以上的标的。风报比越低，一定会伴随着越大量的买进和卖出。我认为对一般人来说，买进后越无聊越好，频繁地买卖会产生过多的交易成本，有时候也会由于太专注于盘面而分心。

那么到底为什么需要风报比呢？原因是，这会让我们一点都不需要关注高胜率就能赢。讲到这里，我先帮大家算算数学题。

1. 风报比1∶2，表示赚1次可以抵赔2次，进场3次，赢的次数超过1次就可以。

2. 风报比1∶3，表示赚1次可以抵赔3次，进场4次，赢的次数超过1次就可以。

3. 风报比1∶4，表示赚1次可以抵赔4次，进场5次，赢的次数超过1次就可以。

为什么我要大家抓更高的风报比呢？是因为它可以容许我们有更多的看错机会。买股票4次赢1次也就是25%

的胜率，一点都不难，每个人几乎都能做到。说到这里，大家应该更了解为什么我不鼓励做当冲，因为做当冲的风报比几乎是1：1，也就是要胜率超过50%才有赚头，这对一般人来说一点都不容易。

我知道很多人对市场很恐惧，但我希望大家了解一件事，时间短需要高胜率才能赚钱，我希望大家不用靠着高胜率也能赚，因为这样才赚得久、赚得安心。

我近年习惯风报比都抓5~8倍，基本上胜率只需要两成就能赚钱，更不用说我的胜率比一般人要高，在这种情况下搭配上高风报比更是如虎添翼。

很多人可能会问，怎么可能找到40%以上涨幅的标的呢？其实说真的，这种标的多到不可置信，市面上的很多财经资讯中都能找到这些公司，难的不是找到好标的，难的是不依据风报比买进。

思考风报比还有个好处，就是你的选股能力会变得非常强。

习惯做短线的人选股容易盲从，抓不到重心。以公司分类来说，喜欢做短线的人可能会偏好稳定成长型的公司（因为胜率高，股价波动稳定且趋势向上），但因为我习惯抓1：4以上的风报比，所以我比较偏好转机股，或至少是快速成长股（股本小、转型中、跟上目前趋势）。

一旦专注高风报比标的，你的股市生涯将会变得更有效率。

回到累积暴赚原则：看对才能下大。整本书都是希望帮你树立看对才能下大的观念。到目前为止，我相信大家已经了解了什么叫作风报比。接下来，我想用几种常见的技术分析给各位举例，让大家知道在实战应用上，风报比这个概念会如何帮助我们更准确地交易。

提到顺势交易，大家一定会想到移动平均线（均线），那我就先从均线的角度带大家体验如何用风报比实战。在股票市场，实战和理论会有极大的差异，这也是大部分的人书看得再多也无法赚钱的主要原因。

股市赚钱的流程有三部分：
分析、策略、情绪管控，分别对应看对、下大、抱住。

买股票前，我通常会先从基本面和技术面来判断公司的好坏，接下来就是有计划地去买进，最后，就是看自己有没有足够的耐心和勇气去执行。这三个步骤都不困难，缺一不可，我们现在谈的风报比，就是策略的一部分。

风报比可以让我们在买进前更清楚自己的买进时机。

我现在给大家提供一个最简单的顺势交易模型以理解我说的风报比。这里提到的策略只是为了帮助大家更了解实战所做的举例，这里的技术虽然可用，但细节还是得依照个人的风险承受度来修正才行。

> **顺势交易模型**（如何运用风报比策略）：
> 1. 找出股价在均线之上，而且股价趋势向上的标的。
> 2. 静待风险报酬比1∶4以上的买点买进。
> 3. 设好停损（如果用均线，最好设定在均线或均线的下方）。

根据这个策略，假设我找到了台泥（1101）这家公司，打算在带量长红的A点买进（图2-4）。

图2-4 多头趋势中不考虑风报比可能会出现的A买点

我知道带量长红在传统的技术分析里面意味着强势续涨，但我希望大伙先等等，别忘了用风报比先检查一下 A 点是不是一个好的买进点。

根据图 2-4，A 点的价位是 38 元，而均线大概是在 35 元，也就是说停损大概是 10%。如果想要在这个 A 点买进，根据 1∶4 的风报比，因为停损是 3 元，所以我们至少要预期这只股票会涨 12 元，也就是一定要预期会涨到 50 元以上才符合风报比（停损∶停利＝3∶12）。如果判断它不会涨到 50 元，我就不考虑在 A 点用均线当防守买进。

从这一刻，你会开始像真正的交易者那样思考：

1. 这家公司的股票有可能再涨 40% 吗？

2. 从技术分析看，它的涨幅会有这么大吗？

3. 它近期有没有值得期待的利好消息，让股价可以喷出这种高价？

如果股价没有上涨的可能性，那么就不适合在 A 点买进，根本原因很简单，不是公司不好、不是股价明天不会涨、不是股价可能会跌，而是不符合风报比。我们继续用台泥的例子来思考要不要买进。

首先，台泥这只股如果不好我们也不会看上它，只是我们不愿意用 38 元去做交易。那从策略面来看，究竟哪个位置比较好呢？

先让我们回到技术分析中,在这个例子当中,我们的策略是跌破均线卖出,也就是说,股价越接近均线,风报比必然就越好。因为股价未来会到哪里并不知道,可是停损点越小,对我们整个赌局越有利。

接着,我们再把其他的位置考虑进去。

随着时间推移,我们或许会在 B 点 37 元买进。如果我们够有耐心就会见到 C 点 36 元的买进点,那就更棒了(图 2-5)。耐心坚持,我们想买进的点距离停损点越来越近,虽然大家都看均线,但我们可以因为风报比实现更好的顺势交易。

图 2-5　都是多头,但 A、B、C 三个买进点的安全性不相同

在停损点为 35 元的情况下:

在 A 点(38 元)买进,停损点改设在均线 35 元,股

价要涨 12 元（3×4）才符合 1∶4 的风报比；

在 B 点（37 元）买进，停损点改设在均线 35.2 元，变成股价涨 7.2 元就符合 1∶4 的风报比；

而在 C 点（36 元）买进就更棒了，如果是我，我会把停损点改设在 34 元（小于 10%），而停利也因此在更容易到达的位置（44 元）。

因为 C 点是在非常接近均线的位置，而股价本来就会自然地在均线上下波动，前面说过停损可以设在均线的下方，因此 C 点也会是比较不容易被扫出去的位置。说到这里，大家马上可以发现，在人人都强调顺势交易的年代，一旦有了风报比，我们的策略就会有很大的变化，甚至一样用均线，停损的设定也可以变得更有弹性。

在 8 月，该股价格最多涨到 47 元，虽然在 C 点买进的我们在 44 元已经卖出，并没有卖在最高点，但因为符合风报比，因此这就是一笔好交易。

到这里，我们才真的懂得交易，即便没有卖在最高点也是很棒的交易。这笔交易好，是因为我们在符合风报比的地方买进。

如果在不好的点买进，我们就会有不必要的亏损。虽然之后回看这次有赚钱，但买进点不好就注定会被提前扫出去而尝不到后面的甜头（图2-6）。那么，有没有可能不设停损点呢？

图2-6　在不同的买点买入，对后续能否继续持有决策有很大影响

所有遇过金融海啸的人都知道，不设停损是接近自杀的事情。

回到风报比这个主题，大家应该已经发现，同样的技术，竟然会因为策略不同而对赚赔有这么大的影响，我希望上述案例能让大伙感受到策略的重要性。我一直说，在股市赚钱并不难，因为练习策略只需要基本的逻辑推理。只是传统技术分析都太看重技术了，但技术永无止境，把策略做好才是王道。

最后我希望读完这章的你,往后当有人问你为什么买这只股票时,你的第一反应不再是因为这只股票会涨,也不是因为这家公司的现金流很稳,你的唯一答案是:符合设定的风报比。

见此图标 微信扫码 成为反市场操盘高手

第 4 节　分批与加码

分批买卖（简称"分批"），就是把钱分两次以上丢进同只股票里。

> **分批进场有两个好处：**
> 1. **不用很强的技术分析也能提高胜率。**
> 2. **下单稳定。**

很多人问我：为什么你刚进股市做期货就能赚钱？我告诉大家，除了特别用功，最关键的就是我一直以来都是分批进场。

很多人可能会问我：J派交易风格既然讲求暴赚，那么分批会不会让我们在看对股票的时候影响获利的多少？

会，但在股市要想暴赚，关键是靠杠杆或者时间的累积，分批进场就是要增加期望值，让我们有办法长时间地在股市获利。分批进场的目的也是让自己可以安全地在好的标的上投入大笔资金。

一般来说，如果进场获利的目标设定在50%以上甚至更高，那么分批就会是很有价值的策略。一旦买到可以一波赚到爆的股票，我们就一定不要被洗出去才行。

但分批一定要等成本拉开以后才可以进行。手上的资金少适不适合分批？当然适合，资金少一样可以不被洗掉，资金少一样要暴赚。

在谈到加码之前，我希望你先用以下两个问题检查你的下注策略：

1. 什么时候你会想加码？
2. 你的加码方式是怎么样的？

行情好却赚太慢的窘境

我知道国外很多经典书都强调看对加码这个逻辑，甚至一些著名的交易训练（例如有名的海龟交易训练），也都是靠着加码来做扩大获利的动作。

可是，台湾股市是个"浅碟形"市场，每次涨幅都比其他市场小，没涨多少就结束了。当然，台湾每年也有很多涨幅高达1倍以上的公司，但一加码就是死。前面说过，台股不能追高，加码就是追高的延伸策略，所以绝对不可行。

如果真的要加码，就只能在可以做突破策略的市场中进行，比如说期货市场。因为期货是高杠杆市场，我们用100万元可以操作1000万元的资金，虽然涨幅不大，但轻轻加码一下获利就会以10倍速前进，也只有这样的加码策略才具有扩大获利的意义。

自我安慰的摊平策略

我们在市场上常听到稍微有一点经验的投资人说买股票不可摊平，甚至流传着这样一句话："向下摊平，越摊越平。"

大部分股民会赔钱，就是因为不认输，所以股价越是向下，他就越铁了心买这只股票，他觉得这个公司"体质"很好，未来很有发展性，甚至技术面也很强（例如季线向上）。假设老陈手上有100万元资金，打算买进一家他心目中的好公司的股票，在股价为100元的时候他兴高采烈地买进，之后股价很快跌了10元，他心里想反正公司好，不如再把其他地方的钱调来股市继续买进。

买进后不如预期又跌了10元，很多人这时候会非常难受，甚至会认为公司明明很好，该股票一定是被错杀的，不如继续加码，反正现在比较便宜。

先不论老陈手上这只股票后来的行情如何，他的买进不是依照自己的交易计划，简单说老陈只是觉得会涨才在当下买进，结果股票不但没涨还下跌。读到这里，如果你还记得停损与风报比的观念，你应该已经知道该怎么做了吧。

对，在股价没触及停损点之前不能有动作，一到停损点就要卖出。

老陈这种加码方式是最要不得的，我称之为"自杀式摊平"，这类人最后往往惨赔出场。

其实摊平只是自我安慰，在股市想赚钱请尽量避免摊平的想法。**最好一开始就分批，而且能获利的关键就是"计划性分批"。**

如果你在股市操作一直不顺利，那我建议，可以在买股票的时候把资金分成两笔。

例如我们手上有100万元的股市资金，将其分成两个50万元分批进场，如果对自己的买点很有把握，那么至少要将100万元分成7：3，第一笔买进花70万元，然后把剩下的30万元留在第二笔。

计划性分批不是偶然为之，而是每次买股票你都要这样操作。你一旦这样有计划地进行股票买卖，胜率将会大幅提高。我真心建议大家尝试这样操作。

分析归分析，买进归买进。一只价格 100 元的股票即便未来会涨，即便大盘稳定上涨，即便经济发展稳定，还是会有很多"乱流"使得股价上上下下。它或许会头也不回地一路上涨，但在股市更常发生的情况是：先下跌折磨我们一阵子，之后才喷上去。

股市中有两种买进：一种是买了等下跌，另一种是等下跌了再买。即使我们是等下跌了再买，也未必能买在最低点。

有很多"高手"觉得自己能抓得到中间的波动，企图买在最低点，但这些人往往都因为这样惨赔而困在股海多年。我在 JG 8 原则中也提过，预测在股市绝不可行，所以我建议大部分人向下分批。

计划性向下分批（下单稳+容易赚）

所谓的计划性向下分批，就是为了降低技术分析的不确定性。

向下分批有两种情况：一种情况是照我们原本的计划，越跌越买；另一种情况是一买进就涨了，根本等不到回档，所以我们只买进了第一笔。

我先从实际的角度来谈谈这两种情况。

- **状况一：买进后运气不好股价下跌。**

此时我们应该很庆幸，因为原本我们预期股价是会上涨的，结果走势不如我们的预期，而我们买进只花了资金的一半而已。此时我们因为下注的资金变少，所以恐惧程度只有一半，我们可以更冷静地看待先前的决定是否正确。如果股价继续下跌我们也亏损不多，看错赔钱，没有关系。

这种策略可以让我们在股价下跌的时候立于不败之地，那么，上涨的时候呢？

- **状况二：买进后股价直接上涨。**

原本手里有 100 万元，现在只花 50 万元买进第一笔，买进后股票马上上涨，在这种情况下我们只赚到原本预期的一半，我们心里应该多少会觉得很可惜，但没关系，这种情况的好处有很多，我现在来一一说明。

首先，涨上去之后又会分成两种路线：发动后回档，或是头也不回地大喷出。

1. 发动后回档。

股价很少一飞冲天的，而且因为有波动，回档是家常便饭，所以买进后上涨不代表就此不回头，我们可以等待某些坏消息，在大盘大跌的时候再买第二笔。

你可能会认为这代表成本变高了，但要注意，这是在安全情况下的成本上涨。成本变高但股价已经涨上去了，我们已经在这个游戏里面立于不败之地了。接下来只要股价稳定上升，我们就是用全部的资金获利，而且赚钱赚得够安心。

2. 头也不回地大喷出。

这种情况你可能觉得更为可惜，股价涨上去且几乎没有回档，那怎么办？

首先我还是要提醒大家，这种情况代表着我们已经赚钱了，这很值得我们开心。毕竟老手都知道，少赚也是赚，更不用说大喷出同时意味着高效率，千万不要因为少赚而感到可惜。

若等不到回档，你也可以用剩下的 50 万元伺机买进别的标的。当然，买进的时候还是要分两批，也就是每 25 万元一批。此时此刻，我们早已老神在在，因为已经是在赚钱状态，所以一点都不必担心。

这才是我所谓的计划性分批，和那种错误的自杀式摊平是两码事。传统的摊平是毫无计划、漫无目的的，J 派的计划性分批是让胜率变高，而且在安全的情况下把总资金 All in（全部押进）。

还有，如果你不是想短时间致富，那么我希望你知道，在股票市场获利并没有想象中困难，大部分的人都是输在不愿意把持有时间拉长且太过着急上。大部分的人都希望马上赚到一大笔钱，但这是相对困难的事情，如果把目标定在每年都赚钱，甚至三年赚一倍，那么迟早会被你逮到大行情，运气好两三年，运气差三五年，说真的很难不累积暴赚。

只要拥有正确的心态，就能真的玩好股票这个游戏。

你知道下单稳有多重要吗？

我有个朋友是研究基本面出身的，他的名字叫阿飞。他长期关注特定产业，对世界经济也有一套自己的看法，但因为基本面所有的资讯都需要一段时间发酵，所以他更适合用计划性向下分批这种操作方法来提高自己的报酬率和胜率。

这个 J 派计划性分批的下注法，让他可以放心地 All in，他的总资产不到三年涨到了当初本金的三倍，非常了不起。

我在 2019 年撰写本书，刚好经历了 2018 年的股灾（金融风暴），台股在 2018 年末又因为中美贸易摩擦，一个月暴跌了将近 2000 点，我训练过的一些学生也因此而严重亏损，但阿飞却安然无恙。

阿飞下单这么稳，其中最关键的原因，就是他已经习惯了用这种控制得失心的分批策略，所以他早已进入一种下单稳的赢家境界。

在股市，无论懂多少，要下单稳真的是一件难事，而保持分批下单就是一个很好的方法。

相信你在了解计划性分批的下注法后，应该有以下体验：光是改变策略，就可以获得完全不一样的结果。

第 3 章　J 派核心原理：反市场

我在 2005 年底的时候开始接触股市，当时网络还没有这么发达，和正翻阅这本书的你一样，我也走进了书店。

当时的我感觉到很恐慌，资讯实在太多了，仿佛股市赚钱致富的方法满街都是，仿佛股票交易一点都不难，缺的只是我的努力。但我的父辈告诉我股票市场很危险，而且我的身边年纪稍长的朋友几乎没有一个有办法在股市里面赚钱。

我记得自己当天只买了《富爸爸穷爸爸》一本书就离开了书店。没想到我带走的这本"当红炸子鸡"，给了我反市场思维的灵感。

你可能以为我要推荐《富爸爸穷爸爸》吧？正好相反，我震惊于两件事：第一是它惊人的销量，第二是原来这本书在某方面来说算是一本"圣经"。

在我买这本书前,我并不知道它是一本热门经典书。这本书里面提倡的很多观点在当今时代都很流行,例如现金流的概念,现在随处可见的现金流游戏,也深受这本书影响。

看这本书的时候我感觉就像有一道闪电击中了大脑,我终于明白,这就是"热门经典的威力"。

所以我决定把市面上所有卖得好的投资书都买回家研究。后来几年我更是结合自己每天做的交易日志,每月、每年地逐一筛选,找出台股市场的弱点并且有效率地买进和卖出。

我对初学者的建议比较特别,那就是想成为赢家的第一步是必须收集经典。大家不可以太信任所有主流看法,但也不能单纯为反对而反对。

我自己本身是先看热门经典,掌握主流看法,但同时站得远远的,在充分了解所谓主流看法以后,打造自己的股市逻辑。只要你拥有反市场思维,不管未来股市里流行什么,我们都可以用反市场思维打造属于自己的技术,成为股市里的少数赢家。

反市场的精神就是:

寻找主流逻辑的盲点,永远提醒自己要不一样才能获利。

反市场

第 1 节　不要相信技术分析（逆 KD）

　　专职投资人在没有行情的时候是很无聊的，我也因此看了不少美剧，后来干脆在家里弄了个健身房，最后我为自己找了另一个兴趣来打发时间，这个兴趣就是打德州扑克。这个游戏可以线上玩也可以现场玩，和股市一样，都是要拥有强大心智才能成为赢家的游戏。

　　我玩这个游戏的方法和股市一样，我不下模拟单，赌的是自负盈亏的真钱。

　　我喜欢输赢，例如我偏好的运动不是慢跑、游泳、健身，这种一个人做的事情让我没办法长久去做，我喜欢打球，每个星期有固定的时间可以"比赛"，让我觉得生活很有乐趣。因此，既然要打德州扑克，我就一定要当赢家才行。

　　刚接触德州扑克的时候，我做了每个新手都会做的事情：我读了德州扑克好手菲尔·戈登（Phil Gordon）写的经典"小绿皮书"，也读了道尔·布朗森（Doyle Brunson）

撰写的《超级系统》(Super System),这两本书是当时朋友推荐给我的德州扑克"圣经级"书籍。

不只如此,我还向当时台湾知名的扑克手学习,我认为任何领域要快速进步,尽快找一流玩家请教才是最好的方法。

这位扑克手开门见山地跟我说:"看书可以,但你的技术始终会遇到一些瓶颈,如果你打算成为世界级的玩家,那就必须非常了解你的对手。"这句话我一听就懂,因为这个"战场"的原理和股市实在太像了。

所以,我当时把对手分成好几个层级,并且在不同的"战场"用不同的策略和他们决战。

(1)新手:打法杂乱无章。

(2)认真的新手:看书学观念,依照书里的规则出牌。

(3)老手:经验足,知道对手怎么想。

经过评估发现,即使自己学得再多都不可能比老手经验更丰富,所以我选择在新手比较多的"战场"。至于要怎么在这里成为赢家,我的策略是:先把书看熟,知道大多数人怎么想。

举例来说,很多教打扑克的书都会教人算概率和下注方法。以传统的扑克书来说,他们会告诉你如果拿到AA、

AK、KK，或者两张都是 Q 及以上同花色的牌，赢的概率非常大。也因为大部分传统的书都这样教，所以我们常常看到一堆新手在拿到这种牌的时候，就会开始下注且下得很大，而这时就是老手可以大显身手的时候。

大家不用想也知道，只要老手看到新手在一开始下大，并且猜到他的底牌，接下来新手就死定了。在牌桌上，被人猜到底牌是万万不可的事情。扑克如此，股市也是这样。大家应该都听过巴菲特的一句名言："如果你在牌桌上 30 分钟还不知道输家是谁，那你就是输家。"

所以我做的第一件事就是把书看熟，把书里提到的规则都列好，然后想办法找出牌桌上的规则，再攻击它。说实在的，要做到这样并不简单，不同的人都有不同的牌桌脾气，光照书里的规则虽然可以掌握大部分，但也要临场随机应变，观察每个人不同的反应，做出分析，这些就不是书里可以快速学到的知识了。

我要跟你们说的是，其实股市和德州扑克极为相像，而且更好的消息是，股市其实要比扑克牌简单多了。撇除"菜鸟"，在股票市场有太多往错的方向努力的人，以至于大部分人都会跟扑克牌新手一样"照书打"。为什么我说股市比德州扑克简单多了呢？因为我们只需要读懂大部分的基础书，就能够成为所谓的老手，轻易地知道新手怎么想。

看到这里可能很多人会想，JG举的例子都是针对牌桌上的"菜鸟"，那遇到老手该怎么办呢？我只能跟你说，上牌桌的目的就是赢钱，遇到比自己厉害的人只有一个办法：逃。

在股市，如果不抓"菜鸟"，就是逼自己跟老手对决，虽然用大家有共识的技术也可以赚钱，但是这样就要比判断速度，甚至需要比内部信息够不够多。明明有一群不用功的人在市场，为什么不抓他们呢？所以我还是建议大家不要用都知道的武器拼输赢。

但这是需要勇气的，这也是我在这个章节希望跟大伙分享的重点。在股票市场，有人赚就有人赔，这几乎可以说是一个零和市场，也是一个最大的线上游戏。在电脑屏幕后面的每个人都是我们的对手，可是，偏偏大部分人都觉得别人是笨蛋，自己不用努力就能赢对手。

股票市场很简单，简单在用心就一定能赚钱，这里是全世界最公平的地方；股票市场很难，难在愿意持续用心，因为这里也是全世界最让人想不劳而获的地方。

股票市场就是赌场，可是永远都有90%的人只想随便、随兴地赌一把，因为大家都想不劳而获。股市和赌局很像，但如果在股市这么有规律的地方随便赌就太可惜了,我希望大伙能当个用功的人。下面我就跟大家分享几个方法,让真的想在股市获利的你不白费力气。

我知道正在看这本书的你,应该或多或少对技术分析有初步的了解,所以,我打算根据我的实战经验,跟大家谈谈这些传统技术的缺点,以及一般人都能使用的改善方案。

> **传统的技术分析可分为这三种:**
> 1. **技术指标**。
> 2. **均线**。
> 3. **价量关系**。

我以最多人知道的技术指标为例。几乎所有人在用技术指标的时候都会有一个问题:"为什么指标在低档,也向上交叉了,自己照技术指标买进,却每次一买股票就跌下去?"

我就在这里用最热门的 KD 指标来举例,谈谈在股市的大部分人是怎么看 KD 指标的。

KD 指标最基本的假设,就是低档向上交叉时可以买进,高档向下交叉时可以卖出。在我认识的股民中,有将近 1/3 都很看重 KD 指标。

但每当我问他们为什么用这个指标的时候，大部分人都只会告诉我因为"好像很准"，所以用它。我想说的是，因果关系搞错了，不是 KD 指标向上交叉才让股价上涨，而是股价上涨才让 KD 指标向上交叉，谁是因、谁是果一定要很明确。大家只要记住，其实所有指标公式都是依照 K 线的价位计算出来的，所以真的是看指标不如好好弄懂 K 线原理。所有我训练过的学生都有一个共通点，他们的看盘软件都干干净净，最多只留下均线来感受趋势而已。

而且很多人不知道，其实 KD 指标交叉是会骗人的，即使我们在星期一看到 KD 指标刚好向上交叉，只要星期二大跌，这个明明出现的向上交叉也会在软件上面瞬间不见。我们会遇到所谓的指标失败，可能只是小跌，那这时该卖出吗？所以我奉劝大家尽量少用指标进行买卖，因为实在太容易遇到交叉失败的情况，一买一卖，肯定赔钱。

这是利用指标第一个要小心的地方：指标是个不精确的结果而非原因。

> **实战回测** **感受指标是否可靠**
>
> 如果你可以在盘中看盘，请打开个股的 5 分钟 K 线去观察指标，我保证你只要观察一天，一定可以观察到所有指标都会在这个小刻度里面一下交叉，一下又没交叉。再看短线，你一天之内就会见到无数次的假交叉。这时你会深刻感受到为什么技术指标是落后的并具有不确定性。

有些人认为看指标，要看就看大周期的，例如我刚刚说到的 KD 指标，有些人会去观察周 KD，因为周 KD 一旦启动就代表个股可能会出现周线级别的大行情，所以值得买进。

这个想法没有错，但要小心，因为周 KD 向上的时候很容易让人"追高买"。**周 KD 向上交叉代表有大行情也没错，但这是过去式，而且在台湾股市，绝对不要追高买进。**一追高，即使股价最后真的向上走，一样会被扫到停损。要买我建议只在下跌时买进，只是这个下跌，一定要有依据。这里有个一般人都能使用的方法，我把它叫作 **J 派的逆 KD**。

前面聊过，在德州扑克的世界里，要成为高手一定要了解对手的心理，而要了解对手的心理，就要像警方办案那样不断努力。我们看过很多电影,里面的警员为了破解连环杀人案而绞尽脑汁。在股市你也需要这样做,但容易很多。

我们先一起复习一下传统技术分析的 KD 用法:低档向上交叉买进,高档向下交叉卖出。但事实上,如果股票真的有一大段的上涨行情,那么股价遇到 KD 向下交叉也是根本不会下跌的。

当股票真的有大行情,KD 指标就会不断出现"向下交叉失败""向下交叉失败""向下交叉失败"……的情况。我想说,**当趋势一旦出现,所有的技术指标都不重要。当趋势出现时,我们只要顺着趋势做就可以了**。在我进一步说明之前,希望你先看图 3-1,把重点放在高档向下交叉失败上就可以了。

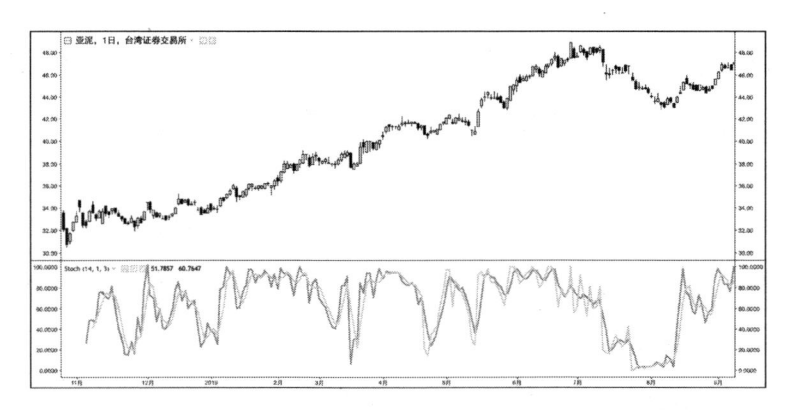

图 3-1 亚泥(1102)从低档 30 元涨到 48 元,中间有许多失败的"高档向下交叉"

如果大家有余力，我建议大家先把书放下，打开你的软件一起来观察是不是这样：只要有行情，技术指标根本就不重要。相反，如果我们手上的股票是往下跌的，那么向上交叉当然也没用。

而我推荐给大家的方法既然叫作逆 KD，它的原理就是一种反市场思维。但要注意，我所谓的反市场并不是要跟市场作对，毕竟股市不能预测，但大部分的股市玩家都是按规则做出一些行为的，我只是要利用 KD 指标来解释反规则这个概念。

至于顺着指标能不能做，当然可以，因为技术指标也会有所谓的盲从喷出效应。例如，本来这只股票不一定会涨，但全部的指标一起呈现多方时，一群技术分析狂热者会冲进去"扫货"而造成股价上涨。这是存在的，但我认为这是盯盘的老手能做的事情。

最大原因是指标你看得到、我看得到、大家都看得到，指标出现多方信号的瞬间，一群"鲨鱼"冲进去，此时比的是谁比较快买到，谁快谁的成本就会低。又因为大家都是差不多时间看到信号的，所以就变成需要混合其他技术才能更精准地判断，那我们就是逼自己进去和一群高手对决，这对一般散户是非常不利的。

经过在股市的多年战斗，我发现自己的反市场原则非常好用，因为无论市场流行什么，我总能找出规则，然后加以利用。

逆 KD 的用法

> **当我们认为股票可能有一段行情时，请这样做：**
> 1. 在"KD 向下交叉+股价下跌"时买进。
> 2. 将停损设在前波低点。
> 3. 当 KD 向下交叉失败，股价又突破前高时，直接把失败后创造的低点当作新的卖出点（移动式停利）。

设定停损的重要性前面已经说过了，这里就不再阐述。至于移动式停利，很简单，当 KD 向下交叉并没有办法撼动行情时，我们就要认定这个涨势是有意义的，可以把这附近的低点当作停损的防守点。

以亚泥来举例，图 3-2 中的 A、B、C 三个点，都是 KD 下杀时的买进时机，若在 A 点买进，停损点就设在下方；若在 B 点买进，我会把停损点设在 A 点的价格低点；在 C 点买进的话，停损点我会设在 B 点最低价，以此类推。

反市场

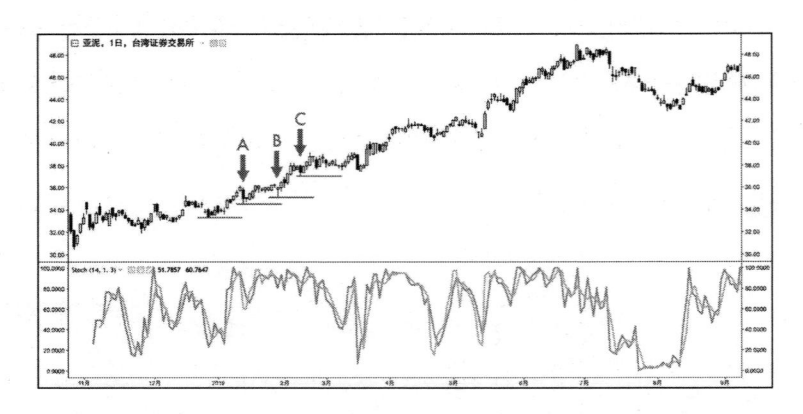

图 3-2　KD 下杀买进，当行情顺利时，把停损点设在前一个高档向下交叉造成的低价附近

逆 KD 的精神就在于，不断地用"指标失败"来确认趋势，先把逆势指标当成买进点，而后用股价突破前高来确认指标向下交叉失败，而一旦确定趋势继续延伸了，那就可以把当初的买进点当成防守点，依此不断地做移动式停利。

逆 KD 的精神不在于有多准，而在于有逻辑地做到移动式停利。我希望通过逆 KD 跟大伙分享如何合理地利用落后指标在股市获利。

我训练学生时时常重复：想要练技术，就要想办法在一段趋势可能转变的时候卖出。很多人买进股票后半个月、一个多月就有钱赚，结果最后没有卖在高点就算了，反而还跌到成本区附近才甘愿卖掉，这太可惜了。但有些人认为，如果只赚一点蝇头小利就卖出，自己会因为没有顺着趋势持有而懊悔。

J派的逆KD，是一种反过来用指标确认趋势的战法，大家可以把被指标确认过的低点作为防守区，跌破这个防守区就卖出。一跌破，我们就可以认定先前这个被确认过的趋势暂时不会持续了。

但要厘清的是，跌破不代表股价就会一落千丈，只是一旦被指标确认过的趋势有可能不会持续，不如干脆把资金抽出来。如果你对这家公司一直有研究，也很看好它的未来发展，又或者你有能力在技术分析上做更细节的判断，那么你可以不急着卖出。但无论如何，跌破前低不代表公司变差，如果我们还是看好，那卖出后仍可持续地关注它。

逆KD就是这样，不是看成交量，没有预测未来，买点很反市场，卖出方法也很特殊。我希望大家明白，我讲逆KD并不是要教大家一招超级厉害的技术，只不过在示范一个散户容易上手的技术，同时，散户也要具备反市场的思维才行。一般散户要在股市赚钱，绝对不可以和大家都做一样的动作，一定要反着来。

我同时也提醒大家，用逆KD虽然胜率很高，却也不是百分之百胜利。如果我们遇到下列状况一定要记得停损，不可坚持"我已买在别人的恐惧区"而凹单，万万不可。

> 逆 KD 停损条件：
> 1. 在黑棒的位置买进后继续下跌（我会设定 10%）。
> 2. 跌破被指标确认过的前低。

第一点是单纯的价格停损。从历史来看，如果股价真的走多头，那么 KD 的高档即使已经是大黑棒买进，后续也是较小概率会继续下跌的，更遑论买进后会造成超过 10% 的跌幅。一出现这种情况要小心多方已经暂时休息甚至走空，务必注意。

第二点更重要，当连续出现两次高档交叉并且跌破前低的时候，我建议新手一定要先出场观望才行（图 3-3）。

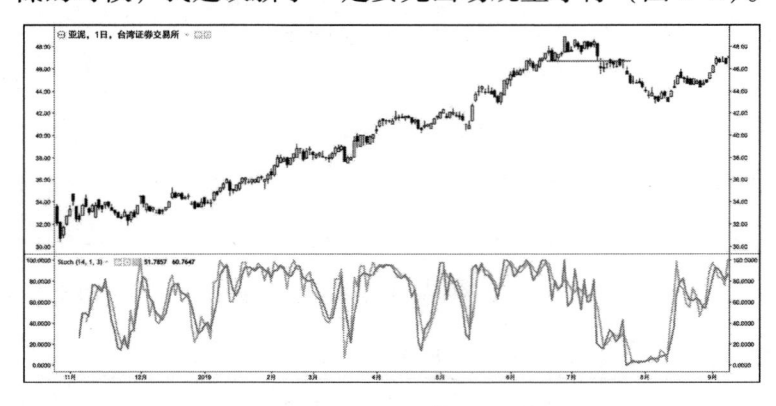

图 3-3　逆 KD 的停损区

逆 KD 这个章节不是要教大家一个厉害的招式，而是希望通过热门指标带着大家一起理解所谓的反市场。

大概是 2011 年后吧，我发现自己进股市以来的这么多笔成交单，赚得多的都是用了反市场战法的。认识我很久的人都知道，我近 10 年已经放弃所有传统的交易方法，其中最大的原因是，既然我 85% 的获利来自反市场策略，那我又何必跟自己过不去？

只不过，要用反市场的方法还是需要一点勇气的，但我认为这可能是最后决胜负的关键。反市场的方法用起来会让人感觉很不安全，用的时候心里往往会出现这个问题："可是大家都说交叉向上正确，这样反过来真的好吗？"

心魔就是来自太多的"可是"，接下来我会用布林通道这个工具，继续带大家了解反市场这个反直觉的独特思维，一步一步揭开股票市场的获利真相。

反市场

第 2 节　J 派逆布林+极限加码法
（暴赚实战篇）

在这个章节，我想跟大家分享更多这些年来我实践反市场实现财务自由的经验。

比起分享方法，我更想分享给大家的是我在不同人生阶段的选择，以及不同阶段的股市观。毕竟这不是一本教技术的股票书，我更希望的是当你们读完这本书，可以创造出自己独一无二的股市思维和方法。

首先，我想把我当年的经历一一拆解给大家。当年我选择进股市后就去了书店，我当时是打算从茫茫书海里找出一本真的可以帮到我的书，并且我开始潜心研究所谓的"基本规则"，因为我相信散户在股市的所有行动，一定是根据基本规则做出的决定。

世界上存在着许多让人遵循的基本规则，例如红绿灯的设置，让我们大部分的人看到红灯会停而看到绿灯会向前行。

我们每天都在无数的基本规则下生活，在股市也不例外。

股市的基本规则：大家看到红三兵（连续三天实体红棒）就觉得股价要喷，看到高档十字爆量收黑就觉得主力在换手，看到跌破均线就认为股价将会一泻千里，觉得股价上涨没量就不健康和不对劲……

而在股市的人，大多也因为这些人为制定的规则而兴奋、恐惧。

刚进股市的我，曾跟着长辈在证券公司观察了一段时间。当年的证券公司和现在的大不相同，里面满满的散户，有大咖、有小咖。通常只要待得够久，就会发现里面这些大咖普遍手上握有大资金，而且大部分是做基本面的，他们在盘中通常都很爱聊天，基本上是不看盘的，炒股对他们来说只是茶余饭后的休闲而已，虽然他们的买卖做得极少，但一出手几乎都有收获，就像不动如山的武林高手一样。所以，我认定短线的波动和这群"不动大咖"一点关系都没有。

那么短线波动是谁造成的呢？

我发现是一群小咖散户。在券商里面，这些小咖都只依据两件事情决定买卖：技术分析和小道消息，我当时戏称他们为"躁动散户"。

比起基本面玩家，这些躁动散户的情绪相对更容易波

动,或许是兴奋,或许是懊悔,但我常常听到他们说:

"这一定会涨,我朋友说他们公司准备到大陆去赚钱……"

"唉,听说这家公司最近的运营状况很差,要不要先卖出再说……"

这些,就属于小道消息。我想了想,除非自己的消息比他们灵通才可能会赢过他们。

我如此年轻,加上没有相关背景,在消息面一点着力点都没有。但技术分析就不一样了。刚刚提到短期波动,除了小道消息,会让散户痛苦或兴奋的,还有所谓的技术分析(表3-1)。

"你看,这里已经跌破一个大头部了,唉。"

"我跟你说,你看这只股票爆大量创新高,当然要抱紧。"

"不玩这只股票了,整个已经是空头排列,还是卖掉吧,然后出去开心一下。"

让我讶异的是,只要市场走向反方向,这一批人竟然会因为同一个因素而把买进改成卖出或把卖出变成买进。

表 3-1 散户买进时和卖出时的说法对比

买进时的说法	卖出时的说法
你看，这边的头部跌破后股价还这么强，我决定不停损再等等看	你看，这里已经跌破一个大头部了，唉
我跟你说，你看这只股票爆大量创新高，当然要抱紧	好奇怪，创新高以后股价都不动，最近大盘涨它也没反应，不对劲，出清
明明线形走空又突然大涨，我觉得这是转机股，应该只是底部吧	不玩这只股票了，整个已经是空头排列，还是卖掉吧，然后出去开心一下

大家想想，如果你们跟我一样在证券公司看到这些状况，你们会不会跟我一样，发现这个市场的规则简直要得人们团团转。同一群人，常常会因为同样的依据卖出或买进，而这样就造成了市场短线上的波动。

和他们相处一段时间后，我从一个一开始抱着敬畏之心的"菜鸟"，渐渐转变成为一个猎食者。我相信眼前的这群躁动散户是一群超级大输家的集合体，如果要在股市赚钱，就一定要想办法克服这些人遇到的股市问题。

而根据我的研究，大部分的技术分析者都研究过移动平均线，所以我决定好好研究均线，因为我发现均线是全部技术分析者的"共通语言"。

例如，多头排列、空头排列，突破均线、跌破均线，涨多会回档到均线附近、跌深会涨回到均线附近。

关于均线的理论有很多，如果你在网上搜寻，与均线相关的书竟然有上千本。这也印证了我在证券公司的观察，这些人（散客）的买卖大多是以均线为参考依据的。下面我会以布林通道当作解说的依据，因为布林通道其实就是均线概念的大集合体。

如果你还是新手，或者对布林通道还不熟悉的话，也没关系，其实布林通道主要就是根据下面两个原则在运作：

1. 以中线（20MA，即 20 日移动平均线）为准，认为不管多空，股价终究会回到中线的位置，股价在中线以上是多头，中线之下是空头。

2. 因为短线股价波段是不理性的，所以以股价的正负两个标准差作为波动的极端点。

中心思想是上涨多必然回档，跌深必然反弹。从图 3-4 也可见，股价始终在通道里面徘徊，碰到上缘很容易反弹向下，碰到下缘很容易回到中部。

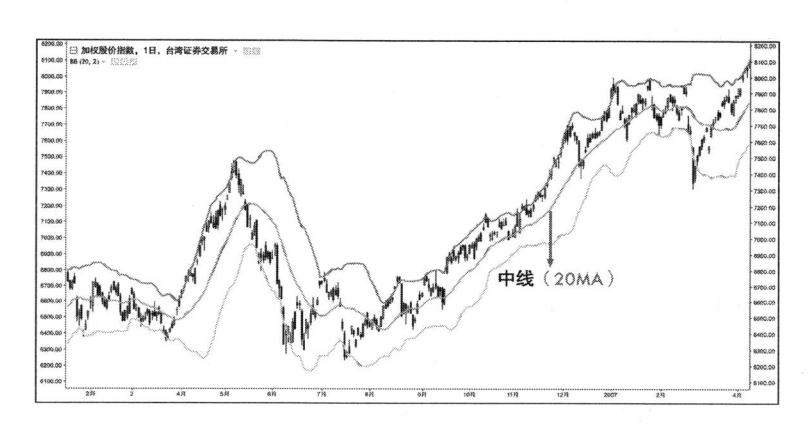

图 3-4　布林通道是以中线为主轴的技术

但布林通道包括收缩、开口方向等，会有非常多的模糊地带以及设定不必要的停损，更不用说有很多的假突破加入以后，整个布林通道会变得混乱。

因为布林通道太过复杂，所以早期的我只抓 3 个重点（J 派早期布林战法）：
1. 突破中线＝多头可以做多。
2. 股价上涨超过通道上方＝超买，多单要停利。
3. 不会选择放空。

在布林通道中间的这一条线就是中线，这里以 20MA

来当中线。在传统布林通道的设定中，只要涨过20MA就认定目前是多头行情（图3-5）。用20MA来判断大盘，是非常简易的判断多空的方法。我并不是说它很准，但对于一些很用功却还是常被大盘迷惑的投资人来说，我认为在很多时候可以用这一方法来安定心神。

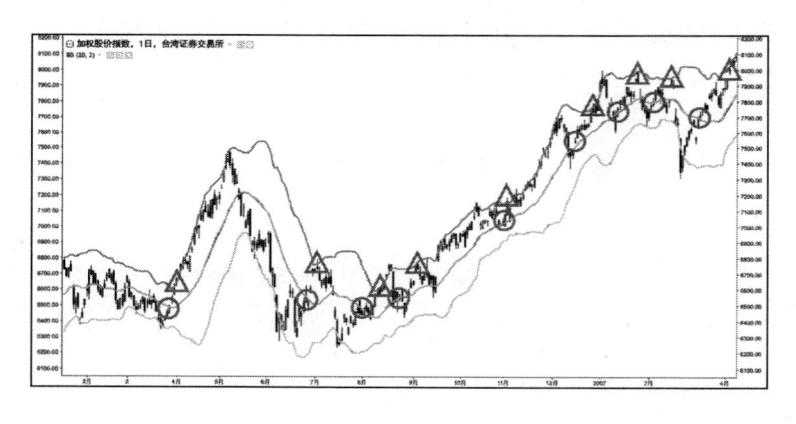

图 3-5　传统做法是，当股价突破布林通道的中线后，买进

接下来，就让我来解释J派早期布林战法。

有别于传统的顺势交易，布林通道比较像一种低买高卖的短线买卖方法。传统布林通道擅长帮投资者抓住赚钱机会，有赚就跑。发明这项指标的人，认为面对股价上下波动过大的市场，有赚就跑才是在股市制胜的关键。

当然，用这个指标也会有遇到停损的时候。

按照我的J派早期布林战法，获利总共有9次，亏损有 2 次，胜率大概是 82%。除了胜率，我更希望你去看看风险报酬比。我相信大家一定会发现，这个战法不仅胜率高，风报比也不错。

无论你是看我的图还是打开软件，都会发现用 J 派早期布林战法非常有利润可图（图 3-6）。但我希望大家不要迷失在技术上。技术很容易学到，但反市场和风报比才是可以让大家这辈子致富的核心。

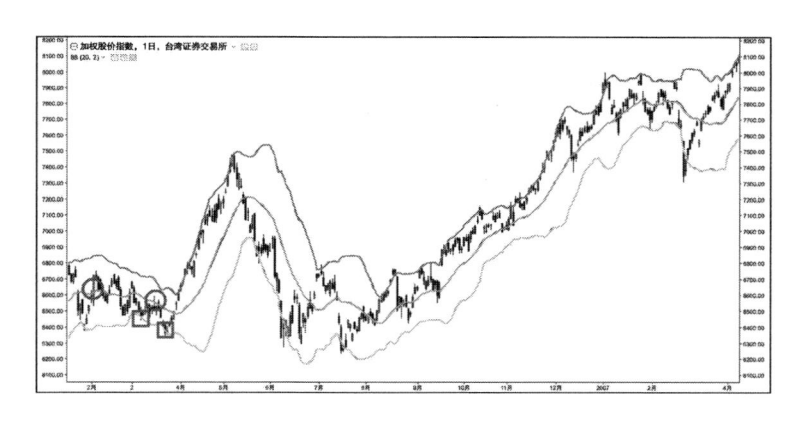

图 3-6　J 派早期布林战法会成功，是因为符合风报比

正如我前面所提到的，我在证券公司看到两种人：一种是坚定不移的不动大咖，另一种是每天不断兴奋和恐惧的躁动散户。坚定不移的人每年买卖次数非常少，而且他们几乎不犯错。在这个赌局中，犯错的永远是情绪起伏大的那批人。J 派早期布林战法就是让我在躁动散户太过兴

奋和恐惧的时候获利出场。

其实，布林通道本身隐含了"股价必然会回归平均值"的观点。这个指标的用法很多，目前写在这本书里面的是在传统布林通道中最适合台股的用法。如果你读完我的书，也认同在市场获利必须利用反市场思维来操作，那么比起顺势交易，布林通道会是你最应该先去了解的技术。

我刚开始用了J派早期布林战法，在股票跟期货上的确有所获利，可是总觉得不够。对于本金少的人来说，这样的金额实在太小了，我的目标是要脱离补习班工作，而我手中仅有每天省吃俭用存下来的20万元存款，我一定要更有效率地利用它才行。于是我把脑子动到了"集中期货，并且放大杠杆"上——一个需要善于利用加码才能规避风险的做法。

我觉得自己很幸运，还真的想出了更有效率的方法。我当时是这样思考的：我身上顶多就20万元，如果我真的错了，顶多再花一年就可以全部赚回，如果我因为胆小而不去尝试，那我就永远离不开补习班的工作。

J派逆布林：用反市场哲学改造布林通道

J派早期布林战法虽然胜率不低，可是利润只来自中线到通道上缘这一段（放空者的利润来自中线到通道下缘这一段）。虽然胜率高，但利润低，在股市执行起来的问题是，跟我一样钱少的人实在觉得赚太慢。

如果你在股市开始持续获利，我相信你也会萌生想赚快一点的念头。虽然 J 派早期布林战法的胜率高，但其实它会牺牲掉暴赚的可能性，再加上我用 J 派早期布林战法去抓利润，最多也不过一次赚 45% 左右，扣掉可能的停损，我觉得离暴赚还有点距离。

我也想过用 J 派早期布林战法+融资来扩大战果，从高胜率来说用融资是可以的，只要赢面大，我一点都不怕利息。虽然胜率高，但对于只有 20 万元的我来说想要翻身还是不够。

"要换品种吗？"我心里想。

我认为技术够好就有资格扩大杠杆，既然技术好就要敢拼，于是我把 J 派早期布林战法用在期货上，并且决定通过利润加码来夺取暴利。

我现在想跟你们介绍的就是我的 J 派逆布林，它是 J 派早期布林战法的延伸。这个方法有两点要注意：第一点是我将它用在期货上，风险比较高，现在是以解说观念为主，而不是要大家拿来实战；第二点是我当时能够盯盘，否则也做不了这么激烈的交易。

反市场

旧事重提，毕竟我从来就不是要教你"一招"，写这本书的目的始终是用我的案例来让大家更能体会 JG 在股市的反市场核心理念，你学会了核心理念就等于打好了基础。地基稳，你的钱自然会赚得多。

> J 派逆布林有两个原则：第一是抓住股民的恐惧，在别人恐惧时赌一把买进；第二是只管买进，除非暴利否则决不停利。

J 派逆布林的实施步骤如下。

1. 处于多方趋势时，我会在布林通道接近下缘处买多单。

很多人说，通常股价跌破布林通道代表已经跌破中线，代表趋势已经转空。但我想跟大家说，股价跌破布林通道下缘只代表大家认为转空，不代表趋势真的走空，这两者是有差异的。

真正的技术分析高手，并不会跟你说未来会不会涨、会不会跌，因为这是不可能知道的事情。网络上有太多假高手赚了点小钱就大放厥词认为股市未来可以预测，天天做大盘分析，但据我所知，准确预测股市是不可能的事情。

假高手的股市预言：

"大盘会不会走空要先看102××会不会破，破就继续下看98××的支撑。"

"大盘会不会继续涨要先看105××的压力区是否能突破，突破后我们要持续观察量能是否持续放大，否则戒慎恐惧。"

"这里的震荡收敛只要稳住，挑战前波高点指日可待。"

你看完本书后，未来再看到上述股市预言请全部忽略，因为真正的技术分析赢家不做这些预言。基本上，赢家都不预测行情会怎么走，但赢家都知道怎么赌行情。

前面说过，市场的短期波动都是因为受到"小道消息+躁动散户买卖"的影响。消息面我没办法掌握，所以我只掌握躁动散户的动向。根据我的观察，股价跌破布林通道下缘这种超大的乖离率（偏离率）一出现，几乎全股市的股民都会被吓到做停损，这个行为就是躁动散户做出的，不是吗？

我在证券公司观察到的是这样，在网络上观察到的是这样，甚至在早期我观察自己的内心也是如此。跌幅这么大的时候，我真的会感到害怕。

后来我回头验证和检测，甚至用了欧美各国的加权指数操作，都发现在大家最恐惧的时候进场，获利才是最大的，也因为有超额的获利，做期货所背负的风险才会值得。

2007年3月，在B点（7350点）的位置（图3-7），就是众人恐慌的时候，也是J派逆布林的黄金买点，当时的我也因为恐慌而迟疑，错过了最佳进场点，导致我第一笔的进场点竟然是在同为下缘区的A点（7850点）。当时的我还没有彻底理解恐慌的价值有多大，否则应该还可以多赚1倍以上的利润。

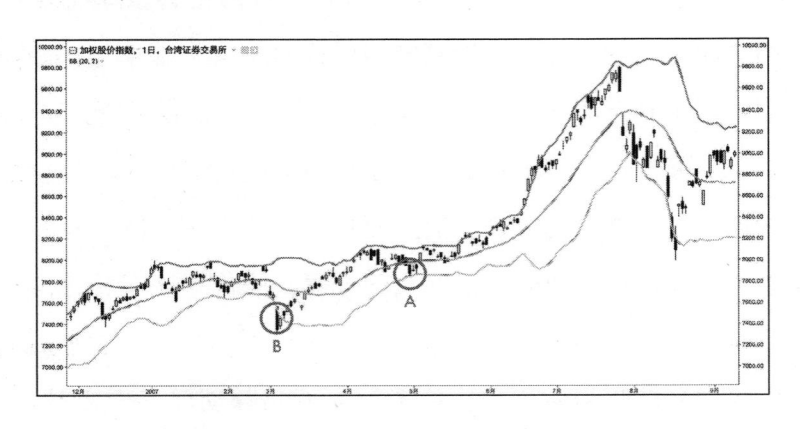

图3-7　B点=众人恐慌点，A点=我当年的买点

但过去没办法改变，我既然在7850点的位置抓到了第一笔，便开始思考如何狠狠地扩大获利。

以一口大台①来说，停损设定在100点，每次停损都是2万元，但如果我用J派逆布林，先不论它会不会喷出，可以判断出会有高达1000点也就是20万元的行情。大家也可以顺便复习一下，看看这样的风险报酬比是多少。

风险报酬比=停损：获利 = 2：20 = 1：10。

从图3-7可以发现，即便在空头走势下做多，用J派逆布林仍然有非常大的获利空间。

2. 每涨250点（自认技术稳定者可抓200点）买进等比例第二笔。

当时我身上大概有20万元，因为期货杠杆非常大，所以我第一笔进场只打算买进一口小台。买进后行情很顺利地缓缓上涨。当时的我判断行情偏多头，还设想了几种未来大盘的走法，觉得大盘很有可能喷出，所以我在自己的交易计划书中写下了这句话："若涨到8200点，我要加码。"很快，行情真的到了。

行情走到8200点后，我的两口小台成本是：

$(7850+8200) \div 2 = 8025$（点）。

---

① 台指期货，俗称大台。大台跳1点损益200元，期货单位为口。

每口小台 1 点是 50 元，两口小台账上获利大概是：175 点×2＝350 点，大赚 17500 元。

虽然以 20 万元来看，这样已经赚了约 9%，但对我来说很少，非常少。我告诉自己，这只是我未来要大赚的准备区，我不能急躁，我要等待好时机，如果行情继续上涨，我一定要等比例地把单子敲进去。

而此时，布林通道的中线也悄悄地上弯，从这里开始，就是我认定的超级攻击区，根据我的做法，要大赚就是看这里。

3.（极限加码法）待布林通道的中线上弯，每远离成本 200~250 点，依照风险承受度想办法投入第三笔、第四笔……

刚才说到，我的成本是在 8025 点，两口小台，各赚了 175 点。

远离成本 200 点以上我就会开始准备加码，那么这个点就在 8250 点附近，因为本来就不远，所以很快就到了，但我担心一个回档把自己的利润吃光，所以我等待，直到行情到了 8300 点，我才选择再次攻击。

因为我第一笔和第二笔一共两口小台，依照规划，要么不赚，要么暴赚，我进股市就是要讨自由，所以我坚定地按照自己的想法去执行。而且我知道，最危险的就是前面的这几次加码，只要脱离成本区，后面的成绩会非常惊人，于是我在8300点等比例再加码两口。

此时的成本：

（8025×2+8300×2）÷4＝8162.5（点）（四口），获利27500元。

报酬率已经来到14%左右，但这仍旧不是可以让我翻身的行情。另外，下一次的等比例加码就是四口，事情开始变得有点恐怖，但我一定要坚持下去。

而因为购进的数量变多，我在这段时间的加码可以比较随意，不需要一次再进四口，可以一次一口地加，也可以依照技术分析进场。依据经验，我大概知道行情不会回头了，而且我已经有利润在身，拿到免费"赌金"的我一点都不怕，最后我在8300~8600点的位置多加码了七口，一共有十一口。

此时成本大概是8370点（十一口），获利12万多元，本金20万元，账上已经有32万多元，另外我打算继续投入本金来扩大获利。

我就这样一路加，一路加，大概到了8800点的位置，我应该有了十五到二十口，成本不到8500点，账面上大概是45万元也就是本金20万元的2倍多。

行情在8800点，我的成本在8500点。如果是你，接下来会怎么做？

对我而言，我已经赚很多了，且我有 300（8800-8500）点的空间保护自己不被行情洗出场。我此时心中想的就是怎么一边扩大战果，一边防止自己被 200 点以上的回档扫出去。

到这里我想问大家一件事情：如果你拿到了好牌，你会怎么做？

如果在扑克牌桌上，拿到了 AA，你会怎么打？若是我拿 AA，而对手拿到烂牌例如 38，那我赢不了太多钱，因为他没拿到好牌，没胆下注。如果你有看过任何赌神系列的电影或者《007：大战皇家赌场》就会知道，在一个赌局里面如果想要大赢，一定是对手也拿到好牌，同时你的更好。

因为只有这种情况，你们两个才会都把筹码 All in，而只有这种情况，才会暴赚。也就是说，在赌局里，我们一定要先射箭再画靶。有一句电影台词是"赢要冲，输要缩"，拿到好牌当然要拼一把。

所以此时的关键，并不是技术分析下的胜率。

假设在这里继续下注的胜率只有 20%，很多市场老手也认为，胜率这么低，长久下去，一定会输钱。大家觉得在这种情况下，应不应该理性放弃？

还是,尽管胜率不高,可是人生很短,机会来了总是需要一点不理性,拿到好牌继续拼下去?

前面说过,对一般散户来说,股市不能讲概率,遇到好机会一定要想办法尽可能地扩大利润,哪怕赢面只有5%。我不允许自己有致富的机会却只赚到10%、20%而已。

4. 突破上缘时,不用管任何技术分析,得到自己满意的报酬就卖掉。

我常说做投资不是做数学题,而上帝也从来不会跟我们掷骰子。我更是一直强调,太多人学了很多技术却没办法在股市获利,因为他们把股市数学化了。

只要大伙研究技术分析久了,就一定会发现在有些部位(仓位)买入胜率特别高,但我还是希望大家不要太在意这个,因为假设我们1年做买卖30次,那么10年也不过300次,300次的买卖次数在统计学中叫作样本数不足,既然样本数不足,我们就不能死磕概率。

刚才说到,我的成本在8500点,而当时的行情在8800点,我心想要尽量把钱全部丢进这个位置。

我知道这只股从7800点一路涨上来,涨幅已经高达1000点了。在这波行情的前段,我因为刚有获利所以比较保守,而现在我的利润已经很可观了。在股票市场有个顺序:"保本——一致性的获利—卓越的报酬",即刚进场要小心,进场后要让自己有基本获利,之后就可以开始暴赚了。

于是当行情默默地走到9100点附近的时候,我又加码了十多口进去。我本来想再多买一点的,可是过程不太顺利。

此时我应该有三十口,成本大约是8700点,账面上的获利,已经来到了75万元的加速段,我的总资金已经来到将近百万元大关。老实说,这个时候我的心情就像坐云霄飞车。还记得当时我母亲刚好出国,她出发前我账面上只有40万元,她回来的第一天我的账面资金已经增长到近百万元,而当年我才25岁,只是一个月收入3万元的补习班老师而已。

接下来更恐怖,每涨100点我的账面上会增长15万元,也就是说从9100点开始,即使不再加码,只要涨到9600点,我也可以赚到超过200万元。

要不要继续加码呢?

我有点担心自己几个月来的收获会化为乌有,我对自己好不容易赚到这么多钱感到恐惧。我清楚记得,那天中午我走在路上看到一台银色的宝马,我看着它,我知道,我现在就可以用现金买它。

我一方面恐惧，另一方面兴奋，但即便如此，我还是继续加码，因为我的大脑告诉我，自己进股市不是为了赚小钱，而是为了暴赚，是为了疯狂获利。

我继续大笔大笔地加码，当行情来到高点 9780 点的时候，我竟然赚到了 230 多万元，但我感觉盘势非常不对劲，于是我在 2007 年 7 月 26 日出清一大批，7 月 27 日盘中全部出清，此时我的账户余额是 17 万多元。不到 3 个月，我从一个身上只有 20 万元的补习班"菜鸟"老师，跃升为在股市赚了快 200 万元的投资者。这一战，奠定了我人生股市操作的所有技术基础。所有认识我的人都知道，我总是不断地重复一个观念：**不要把股市数学化，不要认为上帝会和你掷骰子，赢要冲，输要缩，想办法把利润最大化才是关键。**

我生命中遇到很多高手玩家，几乎每个人都有同样的经历。逮到机会想办法暴赚，真的是在股市最关键的事情。

在这一波行情里，我只有刚开始买进的时候很谨慎，后面就是让利润自然地增长。

而我最后的出场点其实很不科学，它是"盘感+可接受利润+不愿意回吐利润"的一个结果。在这个例子里，虽然认识我的人都知道其中有很多通过技术分析来买卖的成分，但其实真的能大赚，靠的还是自己坚持暴赚的决心。

运用 J 派战法要注意的事

最后有两件事大家要注意。

第一件要注意的事是，只要不是胜率超过九成的买卖，都一定要遵守一个原则：有赚不能赔。绝对不要让已经赚钱的单子最后亏损，这个原则相当重要。

一个好的买点，买进不久后一定会涨起来。无论是前面我提到的 J 派早期布林战法还是 J 派逆布林都一样，当大伙在学习所有技术分析方法的时候都要注意这个细节。正确的买点买进后绝对是不用等的，因为所有的技术分析都是建立在"短线情绪"上，所有的技术分析都不是一套中长线的规划。

既然如此，我们短线看对也买对了的话，股价就会弹起来一下。

弹起来成功，行情顺利继续发展，剩下的就看我们想怎么停利；弹起来一下又跌回来，表示能量不够强所以赶快出场，不要凹到亏损，因为不需要，原则上买进后 10 天又跌回原点我就已经卖光了。

也就是说，10 次里面只赚到 1 次也没关系，因为另外

9次不全是亏损，甚至9次里面超过一半是靠着"有赚不能赔"出场。这就叫作策略，不靠预测、不靠准度，股市本来就是一个靠着一些基本的买卖原则赚钱的地方。

第二件要注意的事是，你在本书或在网络上看到"**JG 讲述的所有方法，只能拿来做多，不能放空**"这种话时，并不是说我的方法放空胜率有多差，而是只要你肯坚持"只做多"，那么你的报酬率就会高得可怕。台湾的股市规则对放空非常不友善，而国外市场大部分的时间也都是多头，因此我劝大家少做放空，这样口袋里才会钱多多，时间也不会被浪费掉。

J 派逆布林：

1. 在布林通道下缘位置买进。

2. 每涨 250 点（自认技术稳定者可抓 200 点）买进等比例第二笔。

3. （极限加码法）待布林中线上弯，每远离成本 200~250 点，依照风险承受度想办法投入第三笔、第四笔……

4. 突破上缘时，不用管任何技术分析，得到自己满意的报酬就卖掉。

反市场

我希望大家在阅读本章时，要尽可能地把重点放在我当年的选择上，而不是当年我所用的技术上。因为受书籍表达形式的限制，很多技术细节无法通过文字说得那么清楚，而我也在事后发现，如何选择决定了整笔交易的成败。细节或许能决定赚多还是赚少，但如何做出选择才是关键。

本章大概可总结为：**用反市场思维避开主流才能暴赚，别把人生交给概率，拿到好牌就狠狠"赌"下去。**

见此图标 成为反市场
微信扫码 操盘高手

第 2 篇

运用反市场思维，从此远离输家

输家
钻研技术
预测股价
恐惧卖出
只求稳定
冲动下单

反市场

主流思维

赢家
享受策略
掌握人性
不怕不买
买对暴赚
锻炼情绪

自《JG 说真的》频道成立以来，我每天都会收到非常多股民来信询问与求助，加上我长期对股民进行访谈和一对一指导，累积了很庞大的"输家资料库"。

我发现一个惊人的事实。

市场上超过 90% 的人成为输家的最大原因，竟然是相信来自市面上大多数人的"主流观念"。这些"主流观念"被众多媒体、假大师、股市达人跟网红包装得好像很厉害、很有道理，导致大多数刚进股市的新手都会被蛊惑。

被迷惑是人之常情，但一个人被杂志、电视、网络轰炸久了，他的潜意识还真的会以为这些观念是对的。大多数媒体只提这些观念的光明面，却隐蔽掉高风险或难以执行的阴暗面，或许他们从来也没搞懂过，只是像鹦鹉学舌一样，把错误观念不断地传播下去，反正最后只要宣称"这些观念与方法仅供参考，投资是个人行为还是要审慎理性"，就可以把责任推得一干二净。

大多数输家最痛苦的一件事，莫过于不断赔钱之外，心中却始终认为"我应该用的是对的方法，但为什么没有用"，觉得市场永远欠他一个公道。

当然，所谓的主流观念很多也是很棒的，只不过，任何人只要进入股市一段时间，就会明白股市的本质是人性战场，如果忽略人性的弱点，就会落入输家圈。

因此，摆脱输家身份的第一步，就是利用反市场思维来清除掉脑中长期填充的"毒素"，同时了解人性的弱点与真相。

第 4 章 不合人性，任何方法都会赔钱

很多人问我：为什么学了这么多，而且对投资充满了热情，却总是没办法在市场获利，做了很多却一点回报都没有？以我的经验来说，这主要是因为忽略了"人性"这个最基本元素，这导致大部分人知道却做不到。

拿时下最流行的存股和短线当冲说说吧。

存股与复利效应，这两个看起来很正向的投资方法，操作似乎也很容易，但由于并不符合人性，所以做起来很难。

例如年轻人没本钱，存股的失败率其实很高，大部分的原因就是存不住。又或者很多人嘴里说着相信复利的威力，但一看到有高收益的机会，还是忍不住冲进去。

而目前最流行的短线当冲，更是让非常多股民惨赔到难以翻身。短线当冲和准度有关，很多投资人，尤其是自

认数学底子强的，都认为自己可以成为高手，觉得可以强化准度。他们觉得自己能抓到别人看不到的短线波动。这不是说做不到，是真的不容易，因为抓短线波动是靠盘感，没有经年累月的盯盘是不会出现盘感的，更何况有盘感还不够，我们拿着真金白银买卖股票，一般人如果不像我当年专心投入三五年根本不行。

而三五年的压力强度可说是职业选手级的，非常违反人性，一般人尤其上班族必然撑不久，你也没听过哪一种职业运动可以坚持一辈子吧！

股票市场的最大错误就是"预测"。

我在写这一章的时候，股市正出现一波恐慌式的下杀（2019年8月6日）。这两天因为特朗普宣布了要加征关税10%，美股出现罕见的连续重挫，台湾股市也在5天内跌掉了快800点。下跌800点在台湾股市就是个大事情，很多人认为应该还会继续下杀。

我的营业员（经纪人）说，他的客户好多都在这两天停损了，大家觉得这波跌下去大概还会跌个几千点，是股市崩盘的起点，所以先卖出为妙。

结果当天就是最低点，从此股市一路头也不回地上涨，除了基本面交易派，网络上99.9%的技术分析大师，全部都死在沙滩上。传统技术分析有许多缺陷，尤其是预测，大家切记要小心再小心。

在股市里，很多人总以为自己有一天可以判断第二天股票的走势，可以知道第二天股票的涨或跌，甚至可以预判国际股票市场的变化。

很难，这真的是不可能完成的任务。

这一章我希望用我多年来专职操盘股票与训练的经验为大家提供一些实操上的建议。

如果真的把投资当成一辈子的事情，那么所有的投资动作一定要符合人性。

第 1 节　稳定的陷阱 1：复利

很多人提到复利时会立马想到：低报酬率=安全。

市场上流行一个观念："高风险伴随着高报酬，风险低自然意味着报酬不会高。"正因为这样，所以一般人会认为安全的财富增长方式，就是利用长时间+低报酬率（10%上下）来进行复利累积。

但复利本身的意义，其实是用赚来的钱不断再投入股市去利滚利，所以，想要利用复利累积财富，关键不是安不安全，而是要有持续不断的高报酬率才行。

包括我自己与认识的真正的复利实践家都认同一件事情，就是股票市场的获利一点都不稳定。股票市场真正的获利模型，其实是不断靠着在时机好的时候想办法多赚，时机差的时候想办法躲掉或尽量少赔，也就是所谓的大赚小赔。

而且，就算有些股市方法真的可以让你获得稳定的低报酬，但就我见过的大多数股民而言，稳定并不是大家内心的声音，真正想稳定的人只会选择定存。

根据我这几年跟股民的互动发现，进股市的人大致上可以分成三种。最积极的人会希望自己在 1 年后财富倍翻，最消极的人会希望自己在 5~10 年后的财富增长到足以退休，而将近八成的人，都告诉我希望在 3 年内能够把手上的资金扩张到自己满意的水平。

大部分人都是因为不满意现状而来到股市，因为现实太残酷了，所以我们都想要尽快脱离。复利累积虽然听起来有道理，但大多数人在实际执行的时候都没有办法坚持，从而使自己的买卖变得混乱。买卖混乱就一定赔钱，这是再正常不过的事情。

传统复利难以执行的原因是难以克服人性的弱点：想稳定却又嫌赚得太慢。

"一年初尝稳定甜头，次年妄想飞上枝头。"

前面提到，大部分人都希望在 3 年内达到自己理想中的财富水平，所以想彻底执行复利投资法的计划就一定会失败。

我一个高中同学小廷，他在游戏产业做游戏测试，薪水大概一个月 6 万元。他这几年秉持着复利累积的概念去买基金，几年过去大约投入 100 万元，因为运气不错，他手上的基金真的平均一年有超过 10% 的获利。

但他每次见到我都会问我股票该怎么买、期货该怎么做，甚至前阵子还开始学我买国外的股票，问我复委托的问题。其实，不只小廷，大部分人即便每年可以稳定赚个10%也不会开心，因为一年赚10%并没有办法帮大家脱离现状。一年赚10%，离财务自由至少还要20年。

后来遇到小廷，他说自己其实在2018年10月那波下杀中赔惨了，当时觉得基金赚太慢，听同事说自家公司发展得非常好而决定将钱赎回来投入股市，遇到股灾后，原本100多万元只剩下80万元。如果当初他抱着手上的基金不动反而还会多赚。他说自己很后悔乱换标的，问我现在该怎么办。

这就是自身内心不满意稳定所造成的亏损。

达成复利累积的两个建议

对于克服想稳定却又嫌慢的人性弱点来达成复利的实际方法，我有一个跟坊间比较不一样的观点。

虽然很多股市赢家都在强调复利与累积，但据我所知，那主要是在投机后期的规划，他们几乎所有人刚进股市时或在资金累积初期，还是会专注于暴赚。他们都很愿意在开始时承受多一点的风险把本金扩大，等金额大到自己会怕的时候，才开始想办法打安全牌，追求稳定获利，让自己下半辈子不再有后顾之忧，未来也可以照顾子孙。

所以我建议的股市致富路线，一向是"先求暴赚，再求稳定，最后求不败"。

就拿我和国外一些知名的操盘手来说，没有一个人不是在初期用融资甚至操作期货来扩大获利的。我在25岁的时候也是先靠期货赚到第一笔钱之后才开始学习炒股的。很多人问我为什么这么勇敢一开始就做期货，但我反而会认为如果我那时候做股票，肯定会因为嫌赚得太慢而操之过急导致失败。回头看，好在我选择了符合自己内心需求的品种，才能如愿以偿地成为一个专职操盘手。

我当时的个性是一定要冒险，当时的我因为一无所有，就必然想要暴赚。

但如果你不像当年的我，或许你进股市时已经有一笔不小的资金，或者工作的收入很不错，甚至本身的个性就偏好稳定，那么我在这里可以给你两个达成复利累积的建议：

1. 追求大赚小赔，并且把停损当成赚钱的入场券。

想要以复利来累积资产没有什么不对，但在股市，实现复利要做到大赚小赔才行。太多人怕赔钱，所以要求的报酬率都很低，但这其实是不对的。做股票就像做生意，想要赚钱就不能怕进货赔钱（不能怕停损），而且既然有成本，就是预期有高获利（高风报比），有这种正确的心态才能做好股票。

真正的复利，就是要不断地进货出货，承担进错货的风险，享受高价出货的利润，而这里所谓的货，就是股票，不怕停损，才会赚。

2. 趁年轻用小部分资金学习暴赚。

所有我认识的实现财务自由的人，都是在年轻的时候暴赚一笔之后，才开始要求稳定，这也是一条适用于大部分专职操盘手的路线。

我认识一位开投资公司的高手，大部分人都知道他是一位追求极度稳定的操盘者，他一年要求的报酬率是15%，以他目前手上的资金来说，十几年后就可以有1亿元，这是很棒的退休计划。但其实他是年轻的时候靠期货先赚到数百万元后，才开始追求所谓的稳定的。在追求15%的报酬率以前，他对报酬率是以5倍以上来计划的，这是后来才认识他的人想象不到的。

如果你想要迈入专职交易的人生，那么先用大杠杆暴赚，获利扩大后再创造稳定现金流，这也是最适合大多数专职操盘者的方向。如果你的个性没那么冲，或有不错的收入、没打算专职操盘，我也会建议你至少把目光放在三年赚一倍的累积暴赚上,在这个赚钱模式基础上,去发展自己的交易策略。

  无论如何,想要达成复利效应,最重要的就是"先求暴赚,再求稳定,最后求不败",这才是正确的股市致富路线。

第 2 节 稳定的陷阱 2：存股

自从我 2014 年开始写博客以来，我就观察到股市出现了对投资人比较不利的现象，那就是"股市招式"在台湾仿佛是一种时尚，每个人都可以随时学这些招式，学了就可以随时上场赚钱。

不管适不适合我们，某个股市招式都会在某个时期非常集中地出现在你我的眼前。

其中一个不知何时形成并变成主流的观念，叫作存股。

在 2017—2018 年这段时间，你每天打开杂志都能看到数不完的存股技术和心法，更会看到无数的素人专家宣称自己持有上百手某银行股。这些人的故事几乎都很相似，他们常说从 10 年前就开始持续买，到现在已经变成银行或所谓好公司的大股东了。

他们劝大家用最无脑的方式进入股市，觉得手上有资金就可以逢低买进，而且一存就要至少10年，只要靠时间累积你就能成为股市和人生的大赢家（他们习惯在Facebook① 上放很多游山玩水的照片或是巴菲特的名言）。

市面上的存股概念，经过我的观察，基本上是由三个架构构成的：

存股概念：随时买+赌不会倒+高殖利率（高收益率）。

存股派认为股市不可能预测，所以希望投资人不要在意股价的波动，随时买。

存股派最喜欢的标的有台塑四宝、金融股、中钢、台积电以及各种每年配股配息很多但股价不是特别贵的公司，也就是所谓的高殖利率标的。

这些标的，回头看其实都是赚钱的，而且运气好的话还能涨很多。我在下方列出2018年靠存股会赚翻的3只股票给大家：

- 南亚科（2408）：从2008年开始每个月投入1万元买入当定存，年化报酬率（年收益率）大约9%，10年累积可以获利1倍左右。

- 玉山金（2884）：从2008年开始每个月投入1万元买入当定存，年化报酬率为13.2%，10年累积可以赚近2.5倍。

---

① Facebook 已在2021年更名为 Meta。

- 台积电（2330）：从 2008 年开始每个月投入 1 万元买入当定存，年化报酬率为 21% 左右，10 年累积可以赚近 6 倍。

这是我列举出来的台湾股市上最强的一些存股标的，相信大家看到这里应该会跃跃欲试，想象自己在 10 年后可以发大财。

存股这个策略，听起来很稳定、很合理，但我没想到在《抢救股民大作战》进行访谈后，发现亏损最惊人的人群之一竟然是过于放松的存股派。如果读者们经历过 2008 年的金融海啸，或者身边有经历过那段时期的朋友，一定会知道我在说什么。

那一年的下跌，有太多的金融股包括银行股的持有者都选择认赔杀出，而且一赔就是五成以上。

但，大部分写存股书的作者，不一定经历过金融海啸那段恐怖的下杀期，更不用说，台湾股市这 10 年来大都是上涨的。股市疯狂上涨在台湾并不是常态。据我所知，有不少人表面上坚持存股，但其实在经历 2018 年底的下杀后都因为亏损过大而出清持股。

近年来流行的存股方法有着许多错误的观念，**前面提到的"随时买""赌不会倒""高殖利率"，绝对不是股市致富的出路。**当股市大涨时，这三个观念会让人误以为很正确，但遇到股市下跌时，这三个观念就会导致致命的亏损。

存股概念的盲点

在这里，我要先跟大家提出存股概念的两个盲点。

1. 随时买、固定买的策略，低估进场成本。

据我的观察，因为心态上是"存"，所以存股派通常都不太在意买进技巧，以至于成本过高，常常一个下杀就容易把这些人弄得不知所措。

我并不是说长期持有的策略不好，但是你在什么位置开始存股，结果会有非常大的差异。以存10年来看：

如果你是在2009年开始存股，存到2019年，收益会非常好；

如果你是在2006年开始存股，存到2016年，收益会稍差；

如果你是在2004年开始存股，存到2014年，收益会非常差。

我替各位简单做个结论，如果我们每个月投入资金，超过一半的成本是在历史低点，那么收益会非常惊人；如果超过一半的成本是在历史中间点，那么收益会比较差；

如果在高点，那么结果会惨不忍睹。

很多人认为存股不用看高低档，但光是不同的进场点，成本就不一样，因此随时买、固定买绝对是个致命策略。

我知道很多人看到这里，应该会想，那我只要研究大盘位阶以及景气循环应该就能解决问题了。事实上，存股还会遇到另一个实际上的恐怖问题，即便股市老手也几乎没有人能克服下面这个人性弱点。

2. 忽略账面亏损会带来的人性反应。

从市面上最多人推崇的优质存股名单来看，也只有少部分标的在这 10 年之间让我们不用经历腰斩似的折磨，另外超过六成的标的，会使我们的资金少一半，有的甚至跌得连原本股价的 30% 都不到。

以大家公认的优质存股标的南亚科来说，其最高股价到 99 元，最低股价到 31 元。2011 年它的情况比较好，但股价也在一年多以后从最高的 88 元跌到了 46 元。

想要执行存股的人一定要想清楚这件事情，如果辛苦存了 100 万元打算存股，是不是有办法忍受自己在存股的波动中经历只剩下 50 万元，而且股价下跌无止境的痛苦。市场上绝对是坏消息一堆，感觉没有一家公司是不会倒闭的，此时所有的人都会劝你停损。但偏偏**停损的观念和存**

股的精神是冲突的，此时你会把自己逼到一个非常困难的处境。

从 100 万元跌到 50 万元，如果忍不住停损，那么所谓的优质存股就变成了一个空洞的理论，因为没有任何人可以用这个方法赚到钱。

即使持有标榜高殖利率与不会倒闭的好公司，也抵挡不住账面亏损导致的人性反应。

在我的输家资料库里，有不少存股的朋友就深受其害。他们已经是有一定股龄的投资人，却仍然承受不住股市下跌的痛苦，更巧的是，存股派的卖出点常常都是股市的相对低点。因为没有人可以忍受自己辛苦赚来的钱在亏损时还凭着"公司很安全"而坚定地存下去，而存股这个策略是经年累月地买进，回头一看，我们买进的金额通常都会很大，大到没有人舍得卖出、舍得出场，也因为如此通常一赔就赔很多。

从 100 万元变成 90 万元是小事，可是当 100 万元只剩下 70 万元的时候，大部分的人真的很难做到心中无股价这种境界。能做到的人大部分是高资产者，而他们能做到也只是因为他们在其他地方还有众多资产，因此股票对他们的心理影响相对较小，这是他们和一般股民最大的差别。

以市面上大家喜欢的存股标的来说，选择它们真的有办法赚钱,且它们本身股价都有上涨,但是不能单靠配股配息。

至于为什么不能单纯靠配股配息,原因很简单:赚得少、跌得多(小赚大赔)。存股因为时间长,要面对的是 100 万元剩下 50 万元的下跌风险,而这个风险程度远超正常人对账面亏损的忍受度,如果单靠配股配息根本不可能有人抱得住股票。

优化存股方法的三个建议

大部分选择存股的投资人,应该都是工作或生活中较为忙碌的人,我在这里有几个建议,希望可以协助大家优化存股方法,帮助各位真的能从股市获利。

1. 在最好的景气时期开始存。

如果你买进股票的计划是长期持有,就代表你的买进策略是"在大部分的时间都拥有股票"(不一定是存股),并且想要享受复利所带来的果实,那么,你一定要想办法学会观察大环境的变化。

如果你打算靠着长期投资提早退休,请花时间研究公司的业务,选中的公司每个月的营收也请务必跟踪。但除了这些,一定要弄懂的就是宏观经济学,这是所有长期赢家的必修课。

因为长期持有这个策略,会让获利百分之百跟着大环境的景气在走。花点时间买一本简单的宏观经济学的书籍,把简单的几个经济指标弄懂,如此当景气反转时你的获利才不会瞬间化为乌有。

2. 跟公司一起成长。

打算存股的人,要注意不要先看殖利率(收益率),而是先看价差。股票市场价差的来源就是公司本身的成长,所以存股不能只用赌它不会倒闭的策略去买好公司的股票。

假设我们买的是不会倒闭的公司,那么中钢(2002)和玉山金这两只股票的价值就差异不大。如果当初选中钢,100万元丢进去经过10年也只有120万元;但如果丢进玉山金,10年过去100万元却能够变成213万元。

能在玉山金赚这么多没有别的原因,不是因为它很安全,而是因为此公司会成长。

但如果你真的要长期持有,我奉劝你绝对不能完全不管不顾地存。在存股的同时,也该遵守那些买卖股票的核心原则,例如去追踪月营收或其他财务数据等。

如何判断公司会不会成长,市面上有很多方法,比如说看财报,但里面大部分的数据都是体现过去发生的事情,也就是说我们很难从这些数据中看出未来的成长。唯独现金流量表里面的资本支出，这是 CEO（首席执行官）及大股东对未来的展望。如果真的要靠看财报来找出成长趋势，请你配合消息面并且认真检视这一部分，这样往往可以找出令人振奋的蛛丝马迹。

存股真正要存的，其实就是这种公司的股票。

另一个诀窍，是挑选资本额较小的公司。在台湾的企业中，我建议选择资本额在 20 亿元以下的公司，它们的成长动能较强。而且存股一般都要超过 5 年，一定要注意"未来性题材"以及资本支出。

把钱存在这家公司，意味着我们想当它的长期股东，跟着它成长才能靠它暴赚致富。永远记得，成长摆在第一，而股利股息只是它的附属品。

3. 务必等待，找好机会一次出手。

大跌大买，不跌不买，价格便宜最重要。一定要修正"随时买"这个策略，也不需要每个月固定存，累积资金至少间隔一两个月才买一次，而且每次买都要尽量在大跌时买。

只不过单纯存股的效率还是不够高，所以我建议存股的朋友一定要多钻研技术分析。除了巴菲特，历史上厉害的年轻投机客大多是基本面、技术面双修，而技术面可以让你更了解波动的意义，所以要研究技术面，这样你买股票时更能抓住人性，也才能找到最佳买点。

反市场

第 3 节　准度的陷阱 1：当冲

人人自称"当冲股神"

2018年年中，股市陷入长期震荡，甚至在年底出现了破坏性的下杀，长期投资者的信心也随之动摇。那段时间，在网络上和书店里突然冒出一群自封"当冲达人"甚至"股神"的人，他们不断鼓吹操作当冲轻松好赚，有马上就可以学会的绝招。

尤其是当政府开始实施现股当冲证券交易税减半优惠政策后，当冲交易金额大幅增加四成。

这如同赌场入场费降低到近乎免费，导致许多股民以为，可以几乎无成本地进行短线当冲。但手续费便宜和打败对手其实是两回事，毕竟降低成本是无论大户还是小股民都能占到的便宜。

在《抢救股民大作战》的输家资料库中，赔最惨的人群之一就是"当冲一族"。短线交易是最容易把人变成赌鬼的游戏。很多上班族,都是因为一时忍不住诱惑,所以在几个月内将好几年存的本金一次赔光了:

"那些老师说当冲很适合上班族,我在课堂上看老师展示出来的指标真的都很准,但我回去照做却几乎都是赔钱。同学劝我说指标出现不管赚赔本来就应该照做,这只不过是概率问题,老师也要我千万别泄气,但最后却把我辛辛苦苦存的钱给赔光了……"

对于当冲,我不得不说重话。我以一个十几年专职操盘人以及股市媒体博主的身份告诉大家,所有你听到、看到的当冲教程和方法,几乎都是不可行的。

在短线的世界中,所有的秘密根本没有被公开的可能性。

台湾股市是个"浅碟形"市场,股票市场成交量是相对小的,而当冲又是更小的战场,只需要几百万元就可在里面兴风作浪,扰乱行情。

我请大家想想,如果我们打算选择操作当冲在股市获利,我们的对手会是哪些人?

首先,你面对的对手有来自券商的操盘手。他们的硬件设备一流,基本上你每下一次单都会慢他们两步以上,你的手续费也和这些人完全没得比。其次,你同时要面对一些很有盘感的短线高手。当冲是一个不可能用科学讲解的学问，而操盘最困难的就是凭感觉，所以，当冲就成了普通人很难用来赚钱的操作手法。

我的一位老友志刚，是真正的当冲好手，他的职业其实是营业员。志刚的做法是：第一步，在每天早上开盘前，收集所有可能用得到的股票消息，并且对这些消息做出一个判断；第二步，他会在盘中尽可能地用各种方法抓出当下被报道出来的股票，并且和开盘前的消息做比对，有赚就冲，不对就砍。他曾经就这样从几十万元一路做到2000多万元，厉不厉害？当然厉害，而且我衷心佩服他。

但有几个问题却始终萦绕在我心里，他能这样坚持多久？另外，2000万元真的算多吗？而且，这些获利是不是没多久后就会吐回去？

我在早期操盘阶段因为追求准度而不断做当冲，给身体种下祸根，让我后来在加护病房一住就是两个月。我所认识的几位当冲高手，几乎都是不到40岁身体就变差了，且每个当冲高手的眼睛都逃不了各种后遗症，甚至必须动刀。

更别提天天当冲对作息产生影响从而导致的精神煎熬。我有几位做当冲的学生，他们每天8时前得在电脑前备战，前一天赔钱检讨到很晚甚至熬夜苦思，隔天早上还要想办法从床上爬起来。你可以问问自己这是不是你想要的生活。

最后还有一个实际的问题，那就是如果你要做短线当冲，是得天天盯着盘面的，而且必须靠准度，在非常精准的点位非常快地出手，要这样游击式地赚钱，而且一天要交易十几回。

如果你是上班族，要怎样才能在准确的时间操作当冲呢？我看过太多人因为做当冲无心上班危及本业，而且还赔了一大堆的双输结局。

所以，做当冲真正要赚钱，必须先克服三大难题：

1. 技术超越强大对手。

2. 必然的身心损耗。

3. 本业与盯盘冲突。

这都是非常违反人性的，任何事一旦耗力就难以坚持，容易放弃，你也很快会从长期致富的路上偏离。

做当冲是所有买卖方式里面最困难、最难坚持的一种。要连续靠做当冲赚钱，不要说 3 年，我觉得超过 1 年都不容易，因为我们都不是"股神"。

因此我提醒大家，做股票若是想要赚 10 年，千万要想办法用省力的方法。

本章是告诉大家做当冲是几乎不可行的赚钱之路，但如果你真的还是对当冲有兴趣,可以重看第 3 章第 2 节的 J 派逆布林。当年,我在操盘第一阶段赚了 9 倍,现在想想或许多了些运气。如果你希望做当冲且不断依靠大杠杆暴赚,那你就要有踏上炼狱之路的准备。

第 4 节　准度的陷阱 2：高胜率

预测准度是不可能完成的任务

股票市场就像小时候打的电动游戏，每个人刚接触都会觉得自己就是世界上独一无二的勇者。其他人赔钱是因为他们对公司研究不够深，还因为他们抓不到股价的波动，而自己可以。

就是这个仿佛自己能万中选一的信念，让无数的交易者跌入股票市场的赔钱深渊，让一堆人把在专业领域赚到的钱给赔光了。其实，我年轻的时候也和这些人一样，只是我比他们更努力，我熬过了这段一般人进股市最艰难的时期。我现在要告诉大家的，就是**不要专注于预测，要改成专注于期望值才对，因为靠"准"致富是既困难又没有必要的事情。**

大部分刚进市场的人都希望胜率越高越好，但若以

NBA（美国职业篮球联赛）来比喻，我们一般人在股市要赢，更需要的是投三分球，虽然命中率没有灌篮高，但得分更有效率。

在股市，高期望值非常重要，我以两种不同风格的交易员来举例。大家可以想一下，如果你是操盘公司的老板，会录取 A 还是 B？

（1）A 交易员：胜率九成，每次赢平均可以赚 10 万元。

（2）B 交易员：胜率三成，每次赢平均可以赚 30 万元。

从长期来看，这两位交易员的绩效可能差不多，A 交易员是安打（平稳）型，而 B 交易员比较像是长打（长期）型。虽然绩效差不多，但这两位如果让我选，我会毫不犹豫地选 B 交易员到我的公司里。因为上帝不会跟我们算数学，炒股也不是玩概率的游戏，更不用说高期望值的交易员常常都是能在股市里致富的散户，10 个里面有 9 个是靠每次进场都赚到爆而致富的。没有好机会不轻易出手，逮到好机会就紧咬不放，每次进场都有机会高获利，才是我们散户该做的事情。

"避免高胜率而掉入亏损陷阱"，有人听到这句话，可能会觉得：那干脆在金融海啸的时候一次进场赌身家，岂不是更快？我会说 Yes，但每次机会都要等 5 年以上，甚至坚持超过 10 年都不崩盘，大部分人是等不及的，所以我觉得要折中，毕竟获利和信心都需要累积。

我刚进股市接触的是台指期货。台指期货和股票最大的差异在于，台指期货对应的就是加权指数的涨跌。期货并没有财务报表、产业未来或者内部消息可以参考。期货单纯就是看涨买多、看跌卖空的游戏。所以当时的我，把所有的心力都放在指标、形态等技术分析上，当时我的目标和大家一样，我想预测未来。

直到后来我打开自己的交易明细，才发现即便我这么努力地想预测未来，我的收益超过一半也是出乎自己当初进场的预期的。例如，我本来想大赚 1 倍的股票，买进后结果停损；我本来以为只能赚 30% 的股票，买进后却赚了 1 倍。

原来，我赚到的所有钱，都是来自我对策略的调整，而不是因为我进场前自以为是的预测。

反市场

第 5 节　预测的陷阱

预测和准度是股市输家的好兄弟

我当时对预测股价非常着迷。我心想,厉害的操盘手一定能看出下一秒股价会如何变动,否则他又怎么可能从市场赚到那么多钱呢?

牛顿说:"我能计算天体运行,却无法计算人类的疯狂。"但牛顿是个科学家,他并非操盘手,再加上我从小对自己判断规律的特殊能力感到很自信,所以我并不怎么害怕挑战牛顿,我不觉得自己在交易的世界会败给他。

直到 2011 年我终于醒悟,原来自己的方法根本就不是预测,而预测太多的交易也总是赚得不如规划的交易多。

这几年来,我从训练的一批学生身上也看到,越是聪明的人越习惯预测股价。有几位我一开始认为会是很优秀的学生,一路从几十万元累积到 700 多万元,但可能赢多了，开始觉得自己天下无敌，开始幻想自己可以预测盘势，而后绩效慢慢变差。

我觉得很可惜，进入市场的投资人何时可以认识到自己只是个人，而不是神？

不管技术面还是基本面，都出现了各种预测的方法：

1. 预测起涨点、预测止跌点。

2. 出现买进信号、出现卖出信号。

3. 买进时预测支撑点、卖出时预测压力点。

4. 判断股价高低点、看到指标交叉预期股票会启动。

5. 从基本面来讲，预测下一季的营收、预测明年景气程度、预测世界发展……

尤其在中美贸易摩擦中，大家一定都被特朗普搞得摸不着头脑，甚至会有种感觉，在股市根本不用特别努力，只要 follow（跟随）特朗普的 Twitter[①] 就好，不用学技术分析、不用看基本面分析，但这种预测很容易养成一种输钱的进场模式：梭哈式的进出。

很多人在股市常常像赌博电影里的画面一样梭哈式进出场，一笔单进、一笔单出。例如账户里有 50 万元，通常听到有好公司就一天买进几乎满档的仓位。这种梭哈式进出的方式让我们不得不去追求准度，而追求准度恰好是在

---

① Twitter 已于 2023 年更名为 X。

股市中最难做到的。

像这种情况，我建议大家采取第 2 章第 4 节的分批买卖原则。

不预测低点，分几次买进；不预测股价最高涨到哪里，分几次做卖出。买进最容易暴涨的公司，不用一定选择"体质"安全的公司。不求买进后就暴涨，只求抓住别人害怕的时机买进，抓住大家过于乐观的时机卖出。

要做到这些，一定要先弄懂反市场心理。

以上所有带预测性质的交易手法，你都可以把它们当作种种高难度技巧。我希望大伙了解，对大部分的人来说，预测都是极其困难的。

真正操盘赚钱的关键不在于预测，而在于反市场加上买进卖出间的处理而已。

第 5 章　脱离输家的反市场思考

市场上的交易者大概可以分成两种：一种是喜欢听明牌（小道消息），一种是喜欢听招式。

听明牌的我就不多评论了，但听招式的人同样会遇到很多问题。因为招式本身并没有思考过程。许多股市书与课程宣称交易很轻松，我们经常看见许多强调交易只要"轻松三步骤"的大篇幅广告。

确实，能够赚钱的交易步骤并不需要太多，但如果只是按照这些步骤依样画葫芦地填答案，而没有思考的话，即便真的可以赚钱，到后来也可能会因为一些小失误而全盘输回去。

海龟交易训练班的合伙人曾经说过，就算他把自己的交易步骤刊登在报纸上也不会有人照做，即使有人愿意照做也没办法赚到钱。我认为主要是因为刊登在报纸上的是冷冰冰的条列式答案，它背后没有任何推论。

因为交易获利从来不是靠答案，交易获利的根本是推论过程。

如果没有任何思考的话，就没办法因时制宜地做任何调整。股市跟考试很不一样，考试考不好顶多分数难看，但在股市可是要用自己的真金白银去搏命的。如果真的有个人知道某位高手的绝招或答案，但是不知道背后的思考过程，那么当他要拿大钱去下注的时候绝对会心慌。

上个章节我们深入探讨了股市中的人性弱点，也了解到了股市的许多主流观念虽然带有填鸭毒素，但通过思考而修正后，还是有赚钱的机会的。

这个章节我们会进行另一种反市场思考，我会引导你体验赢家的交易逻辑是怎么建立的。这些方法一开始听起来或许很不可思议，但当你看到最后会开始领悟，在股市利用跟大家都不一样的反市场思考，才是真正可能的长期致富之道。

第1节　炒股是个推理游戏

很多人问我,你说要成立一个新时代的股市媒体频道,到底是什么意思?现在资讯已经这么多了,到底还能玩出什么新花样?我常说自己并不是要玩什么新花样,我也相信我想做的主题很多人也都做过了。唯一不同的是,《JG说真的》是第一个从赢家角度去看股票市场的媒体频道。在我的频道里,所有内容都是我亲自审核过的。

我从24岁开始专职操盘,我训练出的学生中甚至有人已经是操盘公司的创办人。经过长时间与股市的相处以及长期对这些赢家的观察和接触,我整理了两个在股市赚钱的道理。

1. **你用不了我的方法,我用不了你的武器。**
2. **技术越干净,赚钱越快。**

先不讲别的,我请大家跟我一起思考一个问题:如果你身边有一个股票高手,你一路看着他操作股票从百万元到千万元、从千万元到上亿元,他下的每笔单你都会在一秒钟内知道——买进你知道，卖出你也知道，他的一举一动都躲不开你的视线，那么，你是否可以就此无忧无虑地靠着跟单赚钱？

理论上可以，对吧？而且怎么想都不可能失误。

可是股票市场是个奇怪的地方，我刚才提到的假设是实际上也会发生的事情。我的营业员认识我十几年，我的一举一动他都知道，但却几乎都是我赚钱他赔钱。

每个营业员只要在这个行业待得够久，身边一定会有许多大户，但我却从未听过任何营业员有办法因此致富，这是一个非常有趣却很少人会去思考的问题。

我的营业员阿铭，他是我从20万元起家就跟随的营业员。因为进市场没多久我就赚到了一笔大钱，在我出金（把期货仓位结算变成现金）的那一天下午，他第一次打电话给我，他当时问我的应该是选股问题。

第二次，他带着他的另一位金主客户来拜访我。一方面是问我问题，另一方面是要带所谓的金主见我一面，希望我能帮这些金主代操，并给我抽成（提醒大家这是违法的）。

刚赚到一点小钱的人最爱分享，所以当时我至少花了半小时和他说一些我的买卖方法，又因为他是我的营业员，所以我跟他说可以私底下对照我的进出场点来操作。

因为当天聊天的主题是希望我帮忙代金主操作，所以我们没有聊得太多，半小时要弄懂操作也不可能。没过几天，他说决定跟单了，只是希望边跟单边学习，顺便知道一下我背后的操作原理。

可是有趣的是，他或许会跟着我买进，但大部分时候都会提早卖出或延后卖出。他知道我买哪一只股票，但他总是还会买其他股票，又会在其他股票停损后，才决定追买我持有而且已经上涨不少的股票。

这些年来，他和我说了无数次："唉，反正这么忙，我决定全部跟单就好。"

但他就是永远跟不了我的单，而且他总是乱买卖。

当我问他原因的时候，他的回答大概是：

"可是现在大环境不好，我观察几天后再买进。"

"可是我习惯等到……再买。"

"可是我的部位比较少，追高一点应该没差。"

请注意这个"可是"，在股市很多人都有自己的"可是"，这些人也几乎都是输家。

下单稳来自清楚的买卖逻辑

我告诉他："如果你单纯只是想赚钱但是跟不了我的

单，那还是找你同事吧，他们身边一定有大户而且一定也会想跟单，你们就一起跟好了。"我又说，同个办公室还能一起讨论，对他稳定赚钱应该会有帮助。

但没想到他们办公室几乎没有一个营业员因为跟赢家一起操作而赚钱。我不知道为什么，但他们就是连基本的跟单也办不到。

有一天我终于懂了，其实，会进股票市场的我们都很像，我们进市场，都不只是为了赚钱而已。

因为股市本身就是一个超级好玩的推理游戏，想做股票的人和买基金的人有着两种不同的个性，甘愿跟单、把命运交给他人的人早就已经去买基金了。

买股票的人，大多都想要按自己的想法去执行，想要靠自己赢得这场游戏。只不过基于现实考量（急着赚钱、没做功课），很多人还是会想跟单。

但是，一旦将下单的主动权交给自己后，一大堆爱恨交织、兴奋恐惧的情绪就会萦绕在心里，所以股市有一句话："下单稳的，会去赚其他人的钱。"

所谓的下单稳，必须要靠一件事情：要有一套清楚的赚钱逻辑。

我知道很多人都明白这点，而且看到这里很多人心里应该会想："我认同，但我就是不知道如何在众多资讯里面，厘清自己的买卖逻辑啊！"

这一章节的目标是训练大家的逆思考能力，所以我想先告诉大家一个重点：**在股市判断越复杂，越会赔。**

我知道这听起来会有点奇怪，因此我先举个例子。大家看完以下这段分析和推论后，看看我们该买进还是卖出。

2019年第一季度每股纯益预期下调幅度是3年来最大的。2019年第一季度财报最重要的数据是对下一季度业绩的预测，坏消息是每股纯益预期削减幅度比正常情况下要大，好消息是每股纯益预期的修正，没有像上季度那么糟糕。

美国财政部部长史蒂文·姆努钦（Steven Mnuchin）在上周末暗示，中方愿接受违约惩罚，但是，姆努钦这周一却表态，双方还有很多工作要做。

由于预测中国和美国不久将达成贸易协议，而联准会（美国联邦储备系统）保持更宽松的货币政策立场，美国股市于2019年开始上扬。

Chaikin Analytics执行长马克·柴金（Marc Chaikin）在给客户的一份报告中表示："只要与中国的贸易谈判取得进展，随着第一季度财报公布，股市就有望在未来4周内迎来蓝天。在衡量股市继续上涨的可能性时，看到投资者情绪低迷总是令人欣慰的，因为这是一个反指标。"

引文来源：钜亨网

大家看完有办法判断多空吗？是不是会有一种无所适从的感觉？我相信大家看完这段所谓"专家"的分析后，也不知道现在能不能买进。

这就是每天充斥在你我身边的无意义资讯，而且我相信，每个刚进股市的投资人都会对这些分析感到怀疑、不解，但因为专家说了，大多数人只好边背边学，反正先记不吃亏。

我最害怕这种篇幅长并且不知所云的分析，下面再举一个例子给大家看，相信你会更明白我想表达的意思。它和上面这段完全一样是从基本面来考量的，却有完全不同的实用价值：

联准会昨晚宣布停止通货紧缩，表示国家对于经济看好，而我打算在经济好的时候持有股票，我相信经济好的时候公司都能赚钱，而股价通常都会上涨，所以现在正是好时机。

大家有没有发现上面这段话单纯多了，几句话就带出逻辑，推论铿锵有力，我们只需要问自己两个问题：

1. 联准会宣布停止通货紧缩的时候，是不是通常经济都能好一段时间？

2. 经济和股市是不是大部分时间都会呈现正相关？

只要确定这两个问题，我们就可以思考是否要进行一笔交易。这个推论就是宝藏，它贵在清晰、明确，要判断对和不对都相当容易。

买股票赔钱的人有九成都是因为乱下单。在股市心态会乱的最大原因就是没有推论或是论述混乱，而混乱又复杂的论述让我们感到恐惧，恐惧就会乱下单。只有训练自己做简单推论，才可以让我们下单稳定。

反市场

第 2 节　技术分析的误区

或许很多人认为上述是基于基本面做股票才会遇到的问题,那么,如果改用技术分析呢?技术分析是不是本身就单纯得多呢?

的确,这也是我选择技术分析的原因,但技术分析的复杂却是另一种境界。我目前观察大部分人都错用了技术分析,即把好几个技术指标一起拿来用,这其实是不必要的。

例如很多人会说,假设 A 指标的胜率有六成,B 指标的胜率也有六成,那么当 2 个指标同时发出买进信号时,买进会不会胜率更大?更有甚者,不只用 2 个指标,而是 3 个、4 个甚至更多指标一起使用。

我相信大家在网络上应该也看过这种做法,这就是所谓的"指标优化"。然而,这是一种统计学以及数学在股市上的应用。这种做法偏向理论,在实际操作中会有相当大的问题。

这种优化的做法就是引入数学和统计学。其实这种做法在国外早就已经行之有年,同时也有大量的论文和研究在支持。刚开始我也认为这种做法很棒、很符合实际。

但要小心,**这种做法就是因为太过科学而不符合现状,比较适合大型金控公司(金融控股公司)的交易部门,因为这种做法需要两个要素:大量及长期。**

国外的论文及研究都证明了这种方法有效,而且用这种方法有很大概率能在股市赚到钱,可是这些研究都是利用电脑程序分析大量数据得出结果,而实际数据往往都是来自上千万、上亿笔交易。

不只如此,这种做法基本上在短期内没有人敢说有效,要看见效果大部分都是坚持用这个做法1年以上甚至5年、10年。

但我们有办法像他们这样吗?

在我训练的学生里,有一个开投资公司的中短线交易者,他的交易次数一年将近千笔,这已经是我的学生里交易次数最多的了,更遑论一般人一个月买进卖出的次数根本不到10次,一年买进卖出的次数几乎不到100次。

在这么少的样本数中,所谓的统计学就失去了意义。

刚才提到的优化,假设某一组指标经过统计,得出它的胜率有八成。八成已经很厉害了,如果交易100次,大家觉得可能会怎么发展？

胜率八成意味着赢 80 次，输 20 次，但实际状况呢？

很可能前 10 次进场已经输了 3 次，我们亏掉了三成；

很可能前 10 次进场已经输了 5 次，结果我们亏掉了五成；

很可能前 10 次进场已经输了 9 次，我们已经没钱再下单了。

实际进股市，无法用概率论

没错，虽然在统计学以及数学上的胜负概率之比是 80∶20，但我们根本没办法预料赚赔发生的顺序，是先赚再赔，还是先赔再赚？到底是大赚再赔，还是赔光后根本没有本钱再赚？

这些事情根本没办法预料。所以我要告诉大家，如果你在网络上或是其他任何地方看到任何与技术分析相关的资料，看后想要利用技术分析来赚钱，首先你一定要摆脱所谓的统计。

任何统计都需要大量交易来支持，任何统计也都需要被监控，因为股票市场没有那么简单，所有的统计结果过一段时间都会改变。因此，除了大型金融机构，我们一般人根本没办法进行统计。

那么技术分析应该怎么用呢？我们只需要关注趋势就好了。我们业内流传着一句话："**在趋势中，所有的技术分析都是一堆垃圾**。"

如果你对技术分析不熟，那么只需要掌握一个方法就能知道现在是多头还是空头。这个方法很简单，你把图拉远看，觉得从整体来看是上涨就是多头，看不出方向就是盘整，整体往下走就是空头。

这个说起来没人相信的方法，让我这十几年来都跟对了方向。我永远不碰空头的股票，我只买多头的股票，当趋势向上时，我只在大盘大跌 300 点的时候买进。如果你已经是老手，想学更细化的买卖手法，可以翻看第 3 章第 2 节的 J 派逆布林。

第 3 节　JG 教你听明牌

台湾是个小地方，所以台湾的股票市场充斥着所谓的内线消息。台湾股市是俗称的"浅碟形"市场：成交量小，法人持股大，大股东和主力早期上下交相贼以把持市场，公司再好却总是因国际形势动荡影响股价……也因为这样，小道消息在台湾股票市场成了人人都爱的一种分析依据。

但我们却发现，这些小道消息有时对有时不对。明明是来自高层人员的消息，甚至你自己身居产业中的关键职位，结果买进股票后却总是没有动静。

其实，听明牌还是需要技巧的，不是消息来源可靠就可以稳赚，更不是内部消息来得快就可以获利。最直接的表现大伙可以看看证券业。营业员内部消息多如繁星，我却从没听过他们能够因此获利，甚至我的营业员说得更为夸张，他说待在业界久了，听到有内部消息的股票反而会回避，因为他觉得里面"有鬼"。既然"有鬼"，最好不要靠近。

前面说过,台湾股市是个"浅碟形"市场,不像欧美股市各种机制都比较完善,几乎没有小道消息可以拿来获利。我刚进市场的时候很看不起听明牌的散户,直到这几年我才发现,原来听明牌也是有诀窍的。

明牌听得好也是一种技术,懂得利用明牌也是一种分析。

这个章节就是要教你如何用反市场思维面对明牌。

1. 听到什么样的明牌知道它必死无疑。

2. 知道好明牌的种类。

3. 怎么听明牌比较"健康"?

我们要能辨识出,在股市最常听到的两种必死无疑明牌:

(1)公司里面的人说这只股票会涨到……元。

(2)这只股票里面有主力,至少涨到……元。

这两种消息,我建议大家最好不要听,因为它只有目标,没有资讯。没有资讯,我们就会进入股市的荒漠。而且通常即便真的有主力,我们听到的也已经是第 N 手的消息,风险极高。我知道有时候进去尝点甜头也不错,可是真的要小心,因为好处总是轮不到散户。

又或者很多人可能会加入由投资顾问组成的组织,去买他们所谓的盘中资讯。我曾经为了做实验也买过这样的资讯，有趣的是，这些用真金白银买的资讯，竟然和我的营业员知道的消息大同小异（而且几乎同一时间发布）。我希望看这本书的读者可以少走一点冤枉路，如果真的爱听资讯，和营业员搞好关系足矣。

如何用逆思考找到好明牌

> 好的明牌本身赚的是资讯利差，其必须有两大特点：
> 1. 地下资讯。
> 2. 公司有未来发展潜力。

1. 想要拿到地下资讯，需深入追答案。

首先，我们来讲讲地下资讯。

例如有家公司，它表面上是做手游 App 的，但你从公司员工那里得知他们准备在外地生产电玩。这个消息和大众所知道的不一样，而且这个公司早就开始这样规划了，这即股市里面所谓的资讯利差，这就是非常值得参考的消息。

我们还可以再进一步追问：

（1）这个市场有多大，是刚起步吗？

（2）对手是谁？

（3）公司很积极地在做这块业务吗？

继续像个侦探一样去要答案，并做笔记，做个专业的明牌分析师。记住，明牌不是拿来就能马上用的。明牌是我们听到的资讯，最终还要靠我们自身像侦探一样去找答案，这也是股票市场迷人的地方。

如果没有更进一步的内部消息也没关系。从上述例子来看，我们一定要想办法去当地论坛继续挖信息。虽然我们找得到的资讯别人也看得见，可是别忘了，你有来自内部的消息而其他人没有，这会让我们在下注的时候更大胆坚定。以我个人的经验来看，如果功课做得够多，再加上技术分析、买卖技巧，赚到的钱往往会比那些待在内部的人还要多。

大家有兴趣可以看一下鈊象（3293），在网上挖挖它过去的事情，这只股票就是最好的地下资讯案例（它表面上主业是做游戏，但实际上很多获利来自供应外地的投币机产生的利润）。

2. 好明牌一定是公司有未来发展潜力。

这也符合 JG 8 原则里面的暴赚原则：暴赚不能只看现在，暴赚一定是因为这家公司有未来。

公司未来发展潜力还可以细分成两个方面：扩张和转型。

记住，股价涨跌要看未来，而扩张和转型都是影响公司未来发展的重要因素。先讲扩张，如果企业老板认真经营，那么老板扩张自己的企业规模就是一件很值得期待的事情。公司的一个决策，除了需要经过团队的审慎考虑，也必须经过大股东们和董事会的同意，这不仅关乎公司的未来，也赌上了CEO的名声。

老板敢对未来下大注，而我们比别人提早掌握到消息，我觉得这就是非常有价值的资讯。还是一样，知道这些资讯不能马上下手，必须再继续问问题，确认一些细节：

（1）扩张是为了什么？

（2）投资较多的项目有哪些？

（3）公司未来的野心在哪里？

记住，我们听明牌不是要听股价会到多少，我还是希望大家着重于公司的前景，股价上涨或下跌有时候是靠技术分析来逐步确认的，公司未来如果好，大部分的情况还是易涨难跌。

例如台湾一家做热水器的公司，本来它只是一家稳定获利的公司，而稳定获利的公司的股价要有很大涨幅并不容易，但有一次我听到公司里的好朋友说了一个关键消息：

"他们准备往大陆发展。"

我心想，这是一个很大的转变，而且这家公司很老，根本没有人会注意到它，大多数人都在追逐电子产业等新兴产业而不喜欢传统产业。于是我叫我朋友自己研究，因为他对技术面研究不深，所以我要他在技术面不太差的位置想办法买进就好。

他说连他自己也没想到，这种以往买进一年都不太涨，只分配股利的老公司，竟然半年内涨了30%，连他这个内部从业人员都感到不可置信。

还有一种内部消息要注意，那就是转型。转型对公司来说是个大赌注，如果利用得好，那么它是比扩张还要厉害的武器。但是要注意，所谓的转型一定是比较新的获利模式，市场在一开始未必能接受它，所以不成功，便成仁。历史上有很多转型失败的例子，但我想跟大家说不需担心，因为只要守好停损，在安全的地方赌一把就有机会享受暴利。

大家有兴趣可以看一下樱花（9911）（图5-1），本书不在它是如何转型这件事上面着墨太多，但大家应该可以从股东会召开的时间点之前（图5-1中画圆圈处）看到樱花（9911）的股价有多强势。在股市，股价总是比任何基本面和消息面先反映一切，看到股价如此强势，就可以知道樱花公司的转型之路很大概率会成功。

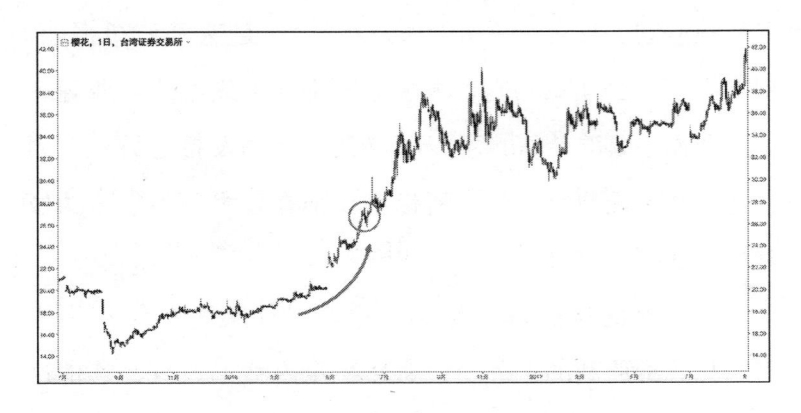

图 5-1　樱花（9911）的股价在股东会召开之前就呈现强势，证明市场背后的力量对该公司转型有信心

第 4 节　杂志选股大法

除了部分内部人士（他们有犯法的风险成本）外，股市里的每个人每天都看着一样的报价，感受相同节奏的股价跳动。

面对亏损，只要是人，就会恐惧；面对好消息、持股大涨，大家都会想替自己鼓掌叫好甚至庆祝一番。

正因为如此，我们会在类似的时间同时想要买一只股票，也会在特定的情况发生时想要一口气卖光。

我要说的是，面对股票市场的我们都太像了，所以用的方法绝对不可以一样，否则每个人的命运都会走向一致，那就是赔钱。

而时下的财经资讯，总是会在同一时间点推荐大家用类似的方法，也难怪《JG 说真的》所采访到的输家们，大部分都很巧地在同一时期用差不多的方法。

很多读者看到这里一定会在心里想："那些杂志上的封面人物都是骗人的，看他们推荐的东西当然会赔钱啊！"

其实未必，老实说，我认识的杂志编辑们都很有职业道德，而且比我想象中的还要严谨。虽然有部分从业者，确实会为了杂志或图书的销量、为了部门的销售策略而夸大其词，为了迎合市场而鼓吹对一般人根本不适用的操作方法，但相信我，他们选的这些封面人物大部分都是有"真枪实弹"的，虽然他们对自己的方法绝对会隐藏一部分。只可惜这些公开的方法对一般人的帮助很有限，因为大部分人没办法从赚钱的角度来利用这些采访资讯。

此外，如果我们身边有从事财经书籍编辑的朋友，我们也会发现，虽然他们的职业是财经编辑，但很多人本身做股票却几乎都是赔钱的，所以当然很难靠赔钱的人来帮我们过滤出赚钱资讯。

所以我建议，**当我们在阅读市面上的报纸、书籍时，请记得单纯地把它们当成资讯来利用而不要迷信。**

但是，在某个时间点，杂志的资讯会变成明牌生产机。

这个时间点，就是金融海啸时期。

我先请大家想一下金融海啸发生的时候，股市里会有一些什么声音。

如果你和身边的朋友说你在炒股：

他会告诉你快把钱拿去买房子，所有的好朋友会不断告诫你不要碰股票市场，而且那些爱问明牌的朋友在这个时候会突然变得不爱问股票而出奇安静。

如果过年遇到长辈，和他谈到股票：

他会告诉你在 2000 年的时候，他的某某朋友多有钱多阔气，家里开公司，结果因为玩股票而家破人亡。他会把股票说得像毒药一样，希望让你知道他那些有钱朋友因为玩股票下场有多凄惨。

如果你在网络上问大家要买什么股票：

无论是哪个论坛，都会有人告诉你，股市一定还会跌。他们的论点通常是：像你这种新手还想进股市的话，那么股票肯定还不会涨。他们自视甚高，觉得只要是新手进来都会赔钱，大部分的人喜欢把自己的经验套用在别人身上，这点在股票市场也不例外。

当市场的氛围是这么恐慌的时候，你一定要当一个冷静的判断者，因为股票市场中的大部分人都是赔钱的，而赔钱的人说的话你根本不必听。

股市多头的时候，四处都有好消息，这个时候你不需看任何杂志都能够知道公司的发展、公司的前景有多好甚至这家公司的老板有多么伟大。

在股市上涨的时候，这些消息的价值都会瞬间降低。我的另一位偶像——《一个投机者的告白》的作者科斯托拉尼说过："人尽所知的事情没有办法让我感到兴奋。"

如果股市崩盘，比如在2008年金融海啸时，杂志的资讯价值会发生什么变化？

我们设想一下财经杂志编辑们的处境。他们真实的处境是，无论股市处于空头还是多头，他们都得写东西，对吧？因为这是他们的工作，这无可厚非。

但，这个时候的杂志却是最可信的。

因为他们每下一笔都要很小心，每推荐一家公司都要很注意。他们知道经济不好，他们知道大部分的公司都会跌，这个时候推荐的标的会变得很少，但只只都偏向"精兵"。

其实，财经杂志的编辑们都有一定程度的职业认同感，许多编辑都很认真而且有使命感，他们会尽可能帮我们挑出有未来发展潜力的好公司。他们会比在多头的时候还要理性，还要小心。

但是，对于在这时期好几本杂志都同时推荐的公司，我并不希望你急着买进，而是希望你真的花时间去研究买进的好时机。

比较可惜的是这些编辑大部分脑中充满框架，所以只敢推荐不敢买进，错过暴赚的关键时机。

你可能会说这就是听明牌，我认为只对了一半。一个好的交易者本来就该懂得利用身边所有的资讯，好的交易者靠着别人害怕的资讯来获利，这就是一种反市场思考。

这只是很粗浅的做法，后续你还可以追踪这家公司，用技术分析选择买点时也要更加注意。

当年的联咏（3034）不到一年涨了两倍，它就是我这样挑出来的标的。

请大家注意，我不是要告诉大家一个绝招，而是要借由这个例子让大家看到一个简单的思考过程，意识到一个有趣的投机过程，这才是我想强调的事情。

你有空可以用这个方法回测看看，甚至问问经历过这样股价下杀的人，看看答案是不是真的如此。

可是我保证，即便你现在知道如何利用杂志选股，你还是会有很多疑点，甚至股市崩盘真的来临的时候，你还是不愿意这样做，不敢下单。

要敢下单或是下单稳，就必须通过自我锻炼强化内在，我在第3篇会告诉你完整的自我锻炼方法。

实例分享 2

强化基本面获利的反市场思考

只买好公司的基本面教义派

小温是某大学的企业管理硕士,通常管理学院的学生在求学时代就会接触各种投资,小温也是。

刚认识小温的时候,他是典型的优等生模样。他的会计修到中级会计(简称"中会")。中会这科目有多难呢?在商学院都有所谓的"中会传说":"中会比初会难 10 倍""中会及格就很厉害了"。中会就是进入会计师事务所或是投资银行的入场券。

小温有这样的会计知识水平,要读懂财报里的细节当然不是问题,很明显,他买进的都是"体质强壮"的公司。

他一直以来都相信"经济好,股市就会好;公司好,股价就会涨"这个道理,所以他在挑选公司的时候,一定会看这家公司的三大表来判断它是不是一家好公司。

可是他买进后却总是赔钱,明明公司"体质非常好",但股价却一落千丈。

大家不是都说,公司"体质好",股价就会涨吗?

> **股市语言：三大表**
>
> 　　三大表就是指资产负债表、损益表及现金流量表这三张财务报表。
>
> 　　资产负债表一般来说代表着这家公司承受风险的能力；从损益表可以看出这家公司的获利，看出公司赚不赚钱；现金流量表则代表着这家公司的变现能力，现金越多，越能挺过公司不景气的时期。

其实，基本面教义派并没有错，但我们一定要先厘清两件事：

1. 什么才是真正会影响股价的基本面因素？

2. 是不是只要是好公司，就可以不看股价随意买进，反正好公司未来一定涨，随便买没关系？

小温买进的公司股价几乎都不涨反跌，多年来的赔钱经历让他隐约感觉到一件事：股价会不会涨，和公司"体质好不好"好像不是正相关。

传统股市有个观念很容易被误解，公司"体质好"＝股价好。

其实，股价是一场投资人对上市公司的金钱选举：

> **更多投资者认为公司好，股价就涨；**
> **更多投资者认为公司差，股价就跌。**
>
> 简单来说，过去所发生的一切都已反映在股价上了，而三份财务报表里大部分的数字都记载着以前的事情，用以前的数据去看未来要非常小心。股价会不会涨当然是看未来，而未来不可能被记载在过去的财报里。
>
> 大家可以看看2017年当时大立光的财报，那年它的财报数据好得不得了。假设我们当时觉得大立光"体质"太好了，在2017年用6000元买进这只股票，结果买进3个月后，这只股票跌到3000元，而从财报却看不出来任何要下跌的迹象。
>
> 另外，小温有另一个买卖哲学，即传统股市很流行的一个说法，我相信大家应该也听过，就是：当买进理由消失才需要卖出。
>
> 我和小温说，这是一件很恐怖的事情。
>
> 我们因为财报好（买进理由）而买进某只股票，一旦股价已经跌得乱七八糟，我们宁可相信有什么我们不知道的坏事在后头所以导致股价暴跌，不可坚持等到财报数据很差（违背买进理由）后才卖出。
>
> 我当时给小温的唯一建议是，如果真的要这样做，

请紧盯月营收，因为月营收是最快公示而且最重要的财务数据之一。任何一家公司衰退，且股价突然出现下跌，从月营收一定能看出端倪，但这种方法只能治标。

实战回测 找出3家本来"体质"不错股价却暴跌的公司，观察它们的月营收是否出现状况。

治本的方式还是一样，我再强调一次：买点。

我告诉小温，假设某家公司的未来真的大好，你也要等"合理的买点"出现才能下手，合理的意思就是要"买便宜"。

举例来说，很多人在买股票的时候都会犯一个错，就是追高。

有些人心里可能会想，追高并没有错，市面上所有专家都告诉我们，当股价发动攻势的时候才代表我们"看对了"，所以大家常常买在所谓的突破处。

但大家可能不知道，追买突破可是一门高难度技术，是很多专职交易高手在做的事情，这个动作需要很仔细地盯盘，突破后股价一不对劲，手上的股票就要砍掉，这完全不适合一般上班族学着做。

反市场

而且，根据我的经验，10次突破有超过8次会回档，台湾股市是"浅碟形"市场，每次上涨都在两个月左右，在这种市场中，无论突破技巧多好，获利都很有限。

实战回测 找出3只股票，看是否突破有回档，上涨的时间要多久。

突破策略只适用于以下两种市场：
1. **期货市场**。
2. **美股这种涨幅以年计算的股票市场**。

小温在经过训练后解决了买点问题，他现在比其他学员更有优势，因为他多年来扎实的基本面训练，让他更敢在关键买点来的时候下大注，而且比一般人持有更久。他现在看盘的时间比过去更少，却获利更多，他将更多时间专注在本业上。当了解累积暴赚的精神后，一个人确实能兼顾事业与投资。

第 3 篇

通过自我锻炼，增加内在强度

输家
钻研技术
预测股价
恐惧卖出
只求稳定
冲动下单

反市场

主流思维

赢家
享受策略
掌握人性
不怕不买
买对暴赚
锻炼情绪

第 6 章　建立赢家的心理正回馈

成为赢家有个非常重要的核心：自我锻炼。

在股市里，没有一个技术超强但心理脆弱的人能成为赢家。技术超强但心理脆弱的人即便短期内能大赚，也很快就会吐回利润甚至倒赔。我认识与训练的大多数赢家不一定有很厉害的技术，但他们的心态绝对非常稳定，光是下单稳就赢过大部分的人。

在这一章节我会告诉你输家有着很严重的股市瘾，然后你会了解如何转换成赢家心理，最后你会学到训练内在强度的最好工具：J 派交易日志。这将有助于你摆脱输家的负面循环，进而建立赢家的心理正面反馈。

第 1 节　去除股市瘾

我先跟大家说个简单到难以相信的诀窍：在股票市场的致富关键就是赢到很习惯，一定要赢到像每天起床就刷牙一样习惯才行。这个原理来自行为心理学。在股市交易和进赌场很像，输和赢都会对我们的感官造成刺激，而在股市，所有的人都会越来越享受这种高强度的刺激，所以我们一下子当冲、一下子追价，我们在股市中不断冲动地交易。

在做《抢救股民大作战》的时候，我常问受访者一个问题："你真的想要在股市赚钱吗？"

每当我问这个问题的时候，受访者都会露出非常不解的表情。我相信他们一定在心里想："我当然想赚钱，而且动力绝对比一般人强，否则怎么会大老远来请教你？"

根据我训练学生的经验以及这些受访者的反应，我隐约察觉到了问题的核心。在交易上很冲动的人，除了急着赚钱之外，他们根本做不到不进场，他们患上了很严重的股市瘾，而这个瘾比想要赚钱还具备急迫性。他们通常内心会有这些声音：

连续假期没开盘好无聊；

我好担心持股会回档，不然先出一部分保住利润；

虽然没有看到好机会，但我觉得不赚很可惜。

会有这些念头，追根究底就是有太想交易的瘾。而太想交易的源头已经不是为了赚钱，而是只要有下注、有快感就可以。

在高中生物课中，我们都学过"操作性制约"这个概念，简单来讲就是赏罚增强造成的心理回馈。在这个心理实验中，心理学家利用食物来增强鸽子用嘴啄按钮的行为，每当它去啄按钮，就会掉出一些食物（增强行为），因此鸽子肚子饿就会去啄按钮以获得食物。

在股市操作上，很多人养成一看到开盘就下单的习惯，因为下单会带来一种冒险的刺激感，形成"增强"，然后他可能赢或赔一些钱。格外危险的是"不小心"赢钱，这会带动冲动下单、负面循环式的"增强"，久而久之，他会变成一只看到线图或开盘就想下单的"鸽子"。

这种瘾就像吃垃圾食物，甚至有点像吸毒，后果好不好已经无法思考，当下不做就是受不了。但股市瘾与上述这些瘾又不一样。在股市，赔钱就是大忌，一赔钱资金就少了，资金少了要追回来其实是一件很难的事情。

我顺便问大家一个简单的数学问题，大家凭直觉回答即可。

假设有个人投了 100 万元，他的操作胜率刚好为一半（50%），每次赚钱都赚 10%，赔钱也都赔 10%，最后他口袋里的钱会：

（1）不变。

（2）变多。

（3）变少。

不知道你猜对了没有，答案是：变少。是不是觉得很奇怪？胜率明明是 50%，每次赚赔的百分比也都一样，为什么钱会变少呢？因为实际上发生的是：

100 万元×1.1×0.9×1.1×0.9……大家用计算机稍微算一下就知道答案了，结果会小于 100 万元，这就是在股市要尽可能不赔钱的原因。用更直观的算法，假设我们的 100 万元因为自己的冲动性交易赔到只剩下 70 万元，这样是赔了 30%，但若想从 70 万元再赚回到 100 万元，赚 30% 是不够的，要赚超过 40% 才行。

赔得越多，想要追回来的难度就越大。

所以，在股市赔钱是大伤，不赚钱可以，空手也可以，但赔钱万万不行。为什么很多人在股市赔钱，会永世不得翻身？因为赔钱很快、很伤，一犯错通常就再也回不去了。

冲动交易结果的第一层面是数学角度，第二层面则是影响我们绩效的心理层面。

在股市赔钱，不只是表面上的亏损，往往还会演变成股市瘾的源头。

刚刚提到很多人在股市想进场的欲望大过想赚钱，所以容易冲动交易。更可怕的是，大部分冲动交易的人对股市都有一定程度的研究与功力，在有设停损的情况下，每次交易都赔不多，所以不痛不痒。但这个不痛不痒，反而会使他们形成赔钱的恶性循环，他们会习惯找很多借口来合理化自己赔钱的原因，于是买卖就会不够严谨。常见的合理化借口包括：

我照计划买进，赔掉自己该赔掉的钱很合理。

我感觉这只股票的走势最近怪怪的，管他呢，设好停损去试试。

看不太懂，感觉有主力，进去跟它拼了。

看起来就是多头啊，反正多头股票买进停损也没办法阻止……

"因为有设停损，所以没关系"，这就是最恐怖的股市瘾。所以我才会说进股市一定要赢到很习惯。如果想着一定要赢，刚刚的那些合理化借口就会有所改变（表6-1）。

表6-1　染上股市瘾的借口和赢到很习惯的说法对比

染上股市瘾的借口	赢到很习惯的说法
我照计划买进，赔掉自己该赔掉的钱很合理	我要照计划买进，可是计划真的够缜密吗
我感觉这只股票的走势最近怪怪的，管他呢，设好停损去试试	感觉这只股票不太对劲，我这几天赶快尽全力来研究它好了
看不太懂，感觉有主力，进去跟它拼了	看不太懂，感觉有主力，这种股票我不要碰，因为我实在没信心玩赢主力、看透主力
看起来就是多头啊，反正多头股票买进停损也没办法阻止	这只股票是多头，可是我一定要等到最好的点买进，我才不要买进一只好股票却被停损而扫出去

一旦内心想着一定要赢，我们的话语就会全面改变，对股市的判断也会全面升级，不会再因冲动而轻易掉进数学上的股市陷阱。

更重要的是，当我们习惯这样思考时，就会开始养成好习惯，会以赢为前提，摆脱只想进场的股市瘾。

国外的匿名戒酒会不会一下子就让成员做到永远清醒

不去碰酒精，因为这是强人所难，成员一下子就会放弃。他们的做法是只要成功维持24小时不碰酒精，就算完成一次，然后给予奖励，这就是上述操作性制约的正向做法。他们称之为小小胜利（small win），即一种正向循环的增强。

在我的实例分享3中有个训练方法叫作"一口单"，就是利用小小胜利来逐步戒除股市瘾。这个方法是严格限制你的下单，起初金额不用太大，但只要开始养成赢的习惯，你未来就会逐渐减少冲动性下单，转而爱上赢的感觉。

在各个领域，养成好习惯都是很重要的事情。习惯没有中间过渡，通常只有一个方向，不是往好就是往坏前进，而这个特性在股市就更显得重要，因为要么赔一辈子，要么就是致富。

其实一开始我并没有弄懂这些原理，但我明白不能输、一定要赢，因此我误打误撞地走向正确的方向，现在回头看，我认为自己很幸运。现在的我认为在股市获利是理所当然，可是我确定当时想都没想过能取得现在这种成绩。

而要这样顺利执行需要有个心态，就是在股市一定要当自己的CEO。

大部分在股市的人，都很专注于盘中。在股市开盘时我们看盘、盯盘，去接收股市最新的信息和变化，最后才交易。交易后，我们再花时间观察买进股票的后续有没有达到预期，看对了高兴，看错了砍仓。这些林林总总都算一种执行。在股市开盘的时间里，我们的身份比较像员工，但在股市获利的关键是事前计划，也就是在没有开盘的时候的努力才是最重要的。

在盘前，一定要给自己明确的目标，打算买什么标的、持股跌到哪里要停损、持有期间愿意忍受多少波动、停利甚至加码怎么设定，这些都是在盘前就要知道的事情。也就是说，我们要把自己分成两个人，**盘前的自己是CEO，负责下命令给盘中的自己；而在盘中，我们必须当一个单纯负责执行 CEO 命令的员工，不带任何情绪：不兴奋、不恐惧。**

我猜想正在读这本书的你们一定常常觉得自己在盘中特别"有灵感"，不过在我十几年的交易人生里，大部分不在计划中的"灵感"不是让我少赚，就是让我赔掉不应该赔的钱，所以我建议大家，在盘中尽量只做记录，不要去执行突然来的"好灵感"。

奇怪，这只股票好像有主力，每次跌到……元的时候就有买盘；

这只股票一直冲,等一下应该会锁涨停,明天应该还会跳空开高,现在进去买进应该可以赚一小笔。

像这些"好灵感",在盘中都要尽量避免。

我当时因为有这些纠结,所以大大影响到了我的收益,于是我开始写交易日志。

第 2 节　J 派交易日志：创造自己的赢家笔记

这些年来，台湾有非常多财经方面的书籍与教学课程，书店排行榜上除了心理类图书以外，最畅销的就是财经类图书。可是在这么多财经书中，却没有一本书告诉我们写股市笔记有多重要。我常跟身边的朋友说，只要愿意动手写笔记，它就将成为你在股市最能帮到自己的"致富圣经"。

股市小笔记，我把它叫作"J 派交易日志"。

这个章节我会分享有关交易日志的两大重点：

1. 该怎么写交易日志。

2. 日志对交易的好处。

首先说说交易日志多年来对我的重大影响。

我是从什么时候开始写交易日志的呢？是从我做期货开始的。期货这个品种，处在交易速度很快的战场，我刚进场交易量就很大，和所有在交易市场努力的人一样，我在很短的时间内就学完了大部分技术。也因此，我做当冲，也做波段，300点到1000点的行情我最擅长，但没行情的时候，即便是30点的小波段我也不放。我每天买卖数十笔，有时候一整天下来每单用的方法都不一样。

于是我遇到了很大的困扰，包括：

（1）我该怎么从一堆方法中，找出最有效率的方法？

（2）我该怎么整理出自己的错误，总结容易输钱的买卖方法，以后尽量不要做？

（3）我每天都在盯盘，该怎么把新方法与旧方法融合？

2006年我是一名补习班老师，当时我的资金只有20万元，每次跟朋友说自己想专职做股票时，大家嘴上说着祝福，但估计心里没有人看好。当时的我非常努力，认为技术对我来说一点都不是问题，可是资金少，就意味着不能有任何失误，而且我真的不愿意再待在"填鸭式教育"的补习行业了。但我很怕一个失误把我打回原形，让一个平凡的我变得更平凡。

有可能不失误吗？当时我这样问自己。

我也很好奇现在正在读这本书的你，在股市里常有失误吗？

如果可以就此避开那些失误，未来的钱，会不会和现在天差地远？

如果去年的自己可以避开失误，是不是现在就不会为了一些小钱而烦恼？

有没有可能，不需要再为了那些错误导致的亏损而在午夜梦回痛恨自己？

交易日志，就是为了让你训练自己不失误而生。

如同我在《JG 说真的》频道上所教给大家的，交易日志可以分成 6 大项，我在 YouTube 上已经免费提供了精心设计的范本给大家下载使用，因此我就不再提网络上可以找到的东西。我定位这本书是一本"体验之书"，因此我想跟大家分享的部分会更贴近我的私人交易与训练经验，从更深入的角度谈谈交易日志的重要性。

我见过很多年轻的投资人，他们在股票市场非常辛苦，读遍财报、学各种技术分析、订阅无数高手的频道，做了很多努力最后却总是无法获利。

我同时也认识不少年长的投资人，他们在股市总是好整以暇，但他们却总是能够稳定赚钱。

这中间的差别就在于经验，经验足才能下单稳，下单稳才能在股市获利。

依照我的经验，投资人在股市大概可以分成几种：

1. 技术普通+下单不稳=小赚小赔。
2. 技术好+下单不稳=大赔。

3. 技术普通+下单稳＝赚钱。

4. 技术好+下单稳＝"印钞机"。

自从踏进股市以来我几乎都是获利的状态。很多人说我天生适合股票市场，是特例，一般人根本不适合进股市。我认为这错了，其实我也是通过训练才能进步这么快的，而我所谓的训练，就是写交易日志。

交易日志可以让每个人进入股市 3 个月后，就获得其他人努力一两年的功力，且更重要的是，它可以锻炼你的能力。只要持续做下去，我认为每个人都绝对能在股市稳定赚钱。

接下来我就要教大家写交易日志的 6 个项目，完成它们只需要十几二十分钟，我希望大家 1 个星期可以沉淀自己 1 次。

交易日志的 6 个项目

1. 我的最新市场观察

目的：增强对股票市场的敏锐度和盘感。

2. 充电练功区

目的：定期增强股市基本功。

3. 进场策略

目的：成为自己的投资 CEO。

4. **出场策略**

目的：尽可能大赚小赔。

5. **买卖回顾**

目的：客观评估买卖，作为下一次的参考。

6. **股市的自我对话**

目的：帮自己打气，把情绪转换成助力。

第1项：我的最新市场观察
目的：增强对股票市场的敏锐度和盘感。

当我还是新手的时候，我觉得什么都很难，但似乎都很有趣，所以我会把自己觉得有趣的市场现象记录下来。

我刚进股市是做期货的。我观察到盘前的均买均卖力道好像会影响开盘后的大盘走势，我也观察到所谓的开盘八法在盘势上可行的应用方法，同时我也会在杂志上读到某些政策对大盘可能会有的影响。我都会把这些市场观察记录下来。

因为我觉得，既然在股市每天有这么多的想法和资讯，如果不把这些记录下来，明天我就一定会忘光了。

而我在做记录的同时，头脑里面会出现很多新的想法，我也会上网找资料或直接请教别人。

当年我的很多绝招和方法都是靠这样天天累积后领悟出来的。

第 2 项：充电练功区
目的：定期增强股市基本功。

刚才提到，我会更新在股市里学到的新技术，并且记录下来，接下来就是追踪。例如你可以问自己：

KD 指标到底有没有效？

今天盘中爆大量收下引线，后面会不会跌？

今天股价带量创新高了，是不是后面还会继续喷几天？

所谓的支撑是不是真的有支撑作用？

给自己一点时间并且持续追踪，真的很有效。

我们对市场上的某些技术会感到害怕、兴奋甚至怀疑，但这些情绪只会阻碍我们买卖的稳定，所以我们一定要把技术记录下来，更重要的是提醒自己追踪后续发展。

以我的经验，只要这些都有追踪，不难发现，有时准，有时不准。我当时就是这样，每天有任何疑虑我都会写下。因为期货交易比较激烈,所以我每天都花非常多的时间在这个部分上,甚至我会做一件很重要的事情:回测。回测完我一样把它记录下来。

例如前文提到的股价带量创新高,我就是回测了上百只股票的全部带量上涨以后才真正发现,其实带量创新高根本不重要,所以我后来就完全放心不看成交量了。说起来很简单,但当时若没有用心做记录,我认为我很难这么快就跳脱出成交量的迷障与困境。

所有习惯都是这样,不进则退,要么持续变好,要么持续变坏。这就是在股票市场赚钱的关键——只要变坏就会赔钱,只要赔钱就会心神不宁,那么股市就会变成害人一辈子的东西。

建立充电练功区,不只是希望大家每周进步一点,还希望每个人都能快速拉高自己的股市智商,进入正向循环。

第 3 项:进场策略
目的:让自己成为下单稳定的投资 CEO。

进场前的功课一定要做足。我相信读到这里的你一定有办法在做完回测后，对市场做出属于自己的分析。但分析归分析，我们想用怎样的节奏买进股票呢？

以布林通道来说，是不是只要点位到合理的区域，就开始分批买进？还是虽然已经在回测过的区域附近，但个股只要跌得不够凶就坚持不买，一买就要 All in？

大家在读本书的时候，应该不难发现即使我不断地更新自己的操作守则并且回测，即使我已经做了大量的功课，进场后的盘势还是会不太一样，所以我仍旧需要不断思考如何正确配合自己的技术来进场才好。

有时候股价已经跌到布林通道下缘，这就和所有技术分析一样，下缘并不是一个点而是一个范围。当股价跌到这个位置时，是因为真的有会产生转折的因素，还是群众情绪造成的下杀？我甚至必须配合自己多年看盘训练出来的盘感来做决定。

也因为变因太多，所以无论规则定得多详细，都很容易让我们在盘中混乱，所以进场策略一定要拟定再拟定，反复推敲才不会因为失误而白白赔钱。

我跟大伙分享一件事。我刚进股市的时候，每天早上起来的第一件事，就是拿起笔写下"今日提醒"。虽然我前一晚已经拟定好所有的交易策略，但我还是会在开盘前再手写一次，这是让自己静下来的一个诀窍。

> **第 4 项：出场策略**
> **目的：尽可能地大赚小赔，知道如何出场，这是能不能暴赚的关键。**

在股市，我常常问自己："是真的要死守技术分析的结论，还是要赌一把，多赚一点才出场呢？"

这对于进股市的我们来说是一个很重要的问题，千万不要以为股市有标准答案。在股市，关键是每一次想办法去执行"对"的决定，然后看老天能不能给我们最棒的获利。而能不能有最棒的获利又取决于我们进股市前对自己的期望。

你是期望暴赚吗？

或者，你是期望当个技术分析高手，并且短进短出获利？

当我们赚 10% 的时候并不会有感觉，一旦获利超过 15%，我相信很多人都会开始动摇。我见过不少设定高报酬率的投资人赚超过 15% 就开始抱不住获利。

出场方式有很多种：看到信号一次出场、分多批逢高出场、高出低进不断降低成本……这些都会随着时间推移而有所变化，更重要的是我们的心能不能接受，必须不断地确定自己在股市要的东西。

J派的思维很简单，我要的就是暴赚，所以我的出场不会依赖技术分析。

我在2006年刚进股市时，买了一只股票——升锐（3128）。我的买进成本在26元左右。买进后运气不错，一路上涨到了32元，一看已经赚了超过20%，我所有的朋友都按照规律出场，但此时我不断思考自己进股市的初衷：

1. 必须暴赚。
2. 拿利润出来拼。

几经思考后我决定加码，因为攻击才是我的风格。我想清楚了，我资金少又年轻，这只股票一开始买进后就获利，加上技术线形对我也有利（趋势偏多且上涨快速，我认为自己买在一个速度段）。

我决定要靠融资，把获利一半拿来拼翻倍。我想清楚了，只要跌破29元我就出场，不要让加码的部分伤害到自己的成本。

过了两周，升锐发了疯地向上冲刺，我没有预设高点，从40元开始我因为承受不住压力，决定每上涨5元我就卖出一批，最后卖在58元左右。虽然没有卖在最高点77元，但整体来说还是赚了超过1.5倍。

简单说，我们有部位以后，怎么买、怎么卖、要不要分批、要拿多少获利来拼，都和技术分析能力没有直接关系，而是跟所谓的策略有关。进市场要制造大赚机会，靠的就是策略拟定。我们是没办法在盘中临时拟定策略的，尤其盘中股价跳动会让人非常激动。提早拟定策略可以让我们更坚定自己的意志，达成大赚小赔的目标。

> **第 5 项：买卖回顾**
> **目的：客观评估买卖，建立一辈子能用的买卖模型。**

如果你有任何买卖动作，记得在交易日志里写下已经买进或卖出的股票，这会让你开始摆脱业余，并且找到适合自己的买卖模型。

做了这个动作，我们将知道自己的成本。做完记录，我还会做一件事情，即追踪该只股票自己卖出的原因。

我觉得做卖出记录是一件重要的事。我记得当时身边很多的人卖出股票以后就不再看它了，怕卖掉之后股价上涨会伤心。那真的很可惜，股票卖掉以后股价又涨了才更要注意。很多人都有买到大飙股的经历，可是每次赚都只赚一点，这样真的不行。

买进或卖出股票后，一定要清楚地把它记录下来，知道自己买在哪里、卖在哪里，并且给自己的下一次卖出作为参考。记录完整的买进卖出情况，是一个想赚大钱的人必做的事情。

长年整理的交易记录，真的帮了我很多忙。任何人都能和我一样从交易记录中去芜存菁，整理出一套简单的买卖方法来。要记得，在股市想获利只能用个性化的方法。

第 6 项：股市的自我对话
目的：帮自己打气，让自己的情绪成为助力。

如果你和我一样用功，那么你一定会感觉到在股票市场有多么孤单。每天赚赔、兴奋、失误产生的情绪长期累积下来，往往会逼我们做出容易赔钱的决定。

这次一定要赚回来。

我怎么当初没先买，不管了先冲进去再说。

这么用功还没赚钱很丢脸，冲进去拼一下好了。

一张白纸，因为没有情绪负担，所以做决策是最容易的。但大部分的人都曾经在股票市场受过伤，所以我们千万不可以让那种痛影响到自己。

写日志吧，每天写一点点给自己。很多老手学了一堆技术，明明技术分析已经练到超强却总是无法执行，打破自己定下的规则。我常听到大家说一句话："其实我本来想耐心等……元的时候买进，可是盘中不知道为何……唉……"

我写给自己的对话多到吓人。刚进股票市场时，我常问自己要给自己一年还是两年的时间来证明我天生适合这个市场。当我赔钱时，我也会很难过，但没人可以倾诉，如果跟家人说，只会使他们担心。

自己面对吧！但请记得让这些情绪成为助力，而不是成为毒害自己交易的毒药。写下在股市的自我感悟，让我们时刻保持乐观、冷静。这个部分做好，赚钱真的会比较容易，也会从中见识到自己的成长，这些都终将成为很棒的回忆。

下一页是"J派交易日志"范本，你可以参考。

反市场

我的交易日志　　日期：7月28日

我的最新市场观察：

中美贸易摩擦大家都担心，但无论是美股还是A股都非常强势，我觉得景气循环应该还没走到尽头。而且特朗普要应对总统选举了，应该不至于让美国民众失望才对，全球股市应该至少要等到选举后才会有变化。

充电练功区：

我把钱存在银行未必就不会跌，我还是希望以高殖利率为主。现在的问题是，有多余的钱应该买同一家高殖利率的公司，还是应该分散到不同产业、不同公司？下周预计把目前全部高殖利率公司列出再判断。

进场策略：

我想买某只股票，它是高殖利率里面本益比（市盈率）最高的。一般人说要买本益比低的，可是我觉得本益比高才有未来发展性。我想买既有未来发展性，又有高殖利率的股票，进可攻、退可守。

出场策略：

买进后刚好涨了不少，只要跌破160元支撑，或者中美贸易摩擦有更不好的发展，我就卖出。

买卖回顾：

这次有点失误了，我本来预计在股价跌破160元或者出现不利的国际消息时才卖出，但我感觉大盘最近怪怪的就随意卖出了。我觉得下次无论如何都要想办法移动式停利才行。

自我对话：

我希望自己可以不要太受同事影响，总之我就是不想要听明牌赚钱。别人现在靠明牌赚的以后都会吐回去，我觉得自己没有做错。明牌什么时候都可以听。我现在用功肯定是对的。

实例分享 3

强化稳定度的一口单训练

不想当股市上班族的当冲高手

阿国平常有自己的工作，但因为一些个人因素，他不方便长期这样奔波，于是他希望自己有一天可以成为专职交易者。

他在股市最想得到的是尊严，通过股市养活自己是最适合他的生存之路。但在那天到来之前，他必须先赚到钱与得到自由。

在接受我的训练后，他拥有抓到好买点的能力并且发展出自己的系统，当冲胜率达到九成，最初的 30 万元本金平均每天可以赚 1~2 万元。当资金扩大到 100 多万元后，问题出现了。

用 30 万元做交易时，输赢只有几千元或一两万元，现在 100 多万元每天获利或亏损的幅度竟然高达十几万元。这让他战战兢兢，每天 8 时前就坐在电脑前准备，他觉得自己比上班族还要累，自由度并没有大幅提高。

而且，他的胜率开始下滑到只有 50%~60%，这使他的压力变大，于是收盘后他不睡午觉，只想尽快做完所有复盘。半年下来他的身心很难放松，状况变得非常差，连吃东西都失去味道了。

有百万元本金又有不错的当冲技术，绩效竟然比只有 30 万元时还差？

当冲，确实有机会在短期内以高胜率方式赚钱。

但，做当冲是极度需要技术且违反人性的极限型操作方法，股票市场几乎没有人适合当冲，大多数人做当冲的结局是暴赔或暴赚后吐回。

说实话，连做专职操作的我也无法长期承受这种压力，更何况是一般非专职的上班族。

如果你在上班的时间突然接收到一个重要的买卖信号，但又得马上见客户或开重要会议，你到底要选择工作还是交易？

我所接触的大部分玩当冲的上班族朋友，他们往往工作与投资双输：不但难以专心工作，还赔掉了最宝贵的时间、信心与健康。

我始终建议：要做台股请不要选当冲，请锁定持有半年上下的波段交易。

当然，你或许自认为擅长做当冲，难以马上接受从当冲转波段这个建议，就跟当时的阿国一样。

当时我给出这个建议后，他一开始不太愿意，因为如果不做当冲，就势必承受留仓的风险，而且他的当冲胜率非常好，即便因为资金放大后没有像之前那么稳定，但高胜率就是印钞机，白白放掉机会让他感到很可惜。

但阿国也明白，生活品质大幅下降是眼睁睁的事实。

他面临一个抉择：到底要转做波段让生活压力减小，还是咬紧牙根继续做当冲，把资金冲大？

"你这样下去迟早会失控！"

我告诉他当年我为了追求极限当冲，给身体种下变差的因子，导致后来进到重症监护室的整段心路历程。

他深思了几天，决定听从我的建议，把当冲改成赚得比较慢的波段试试看，可是这样却产生了一个新问题。

之前他几乎每天都会看到交易机会，因为每个当冲高手都拥有抓到买进点位的能力；而波段，则只能在一堆机会里面挑一个最好的位置进场。

交易就像开车，习惯开快车的人，突然叫他放慢速度开，即使他知道这样安全度会提升，但他看到前面没人还是会想把油门踩下去。

大部分从当冲转波段的人，最难克服的事就是因曾经有暴赚而忍不住下单的股市瘾。

因此我要阿国做一个练习，就是我常提到的一口单计划。

一口单计划三步骤：
1. **缩小部位，为 10%~20%。**
2. **观察一整周不出手，找最好的买点。**
3. **下一周，只有最好的机会才能进场。**

不知道大伙能不能从这个一口单计划中看出其精神与意义？事实上，一口单计划不只可以改善从当冲转波段的手痒，还包含股票市场的赚钱真相。

股票市场是一场不会轻易淘汰人的全垒打大赛，三好球不挥也不会怎样，所以我们可以只挑最喜欢的球来打。

一口单计划的训练，可以增加我们对自我的认识，让我们知道什么时候是最佳出手点，同时增强出手稳定性。

我当年刚进股市时因为资金很少，所以目标是一定不能输，一旦输了就得回补习班继续工作了，因此我制订了一口单计划。当时我想的是：如果一周只能交易一次，那一定要找到最好的机会进场。

也因为我在初期就养成了赢的习惯，只在属于我的最好买点进场，因此奠定了我下单稳的暴赚基础。

一口单计划，就是为了养成赢的习惯，带着一定要赢钱的态度出手，每次进场都要确保是最好的机会，这样胜率就会大幅提升。而胜率一提升，潜意识就会觉得自己真的是赢家，长期下来就会建立赢家的心理正回馈。

我带着阿国在一口单计划三步骤基础上，制定了以下流程：

1. 拿出过去一周的当冲成绩表现，挑出一个事后看最好的出手点。

2. 把这个出手点套用在过去一个月的波段上，看是不是一样完美。

3. 接下来一个月，没有看到这个点位绝不进场！

在一口单计划的训练下，阿国终于把当冲的买点能力，转换成中长期的波段持有优势。

我给所有操作不顺的人的第一个建议就是实行一口单计划，而在多年训练经验之中，一口单计划也居于改善收益方法的第一名。

想尝试从当冲转波段的朋友，请在交易日志的充电练功区加入一口单计划。

两年后，阿国的胜率虽然没有做当冲时那么高，可是他的资金反而增加了1倍，顺利地来到300万元关卡。

他说实行一口单计划后，找到了很多自己习惯的出手点，并且利用这些最好的点不断加码获得最大收益。

他每次加码的点，都是用一口单计划实验出来的结果，每次进场都在最舒服也是最安全的点位，所以他用这个方法加码是非常安全的。

也因为做波段，一天的交易机会几乎只有一次，买进后可以看剧和睡觉，因此收盘后他更能好好放松。

他说他终于有了做股票的自由，而且赚钱赚得很舒服，有信心持续走在累积暴赚的路上。他花了两年时间顺利转为专职交易者，终于得到了最想要的尊严。

第 7 章 回测，找出技术的弱点和优势

在股市，没有回测绝对不行，即便能够在市场上赚钱的绝招也必须有这一步骤。我常讲，回测是一种既好玩又具有极高价值的练习。通过回测，我们可以辨别这个方法是否好用。更重要的是，即便方法不适合我们，我们也可以通过回测来"改造"自己在书上或网络上学到的招式，找出作者没有讲清楚的地方。一旦开始回测，想要赚钱就会变得容易。

回测有两个重点：

1. 过去不代表未来，关键在于建立信心。

2. 回到过去，看看自己在当下是否能做出正确的决定。

想要做回测，首先你必须有一个巨大的历史资料库来帮助你回到过去。市面上有很多软件（或 App），有些要

付费，有些则是需要注册账户，大家可以自行搜索。

既然这本书是一本体验之书，那么我便邀请大家一起来用书中的方法进行回测练习。

回测技术时要把握三个方向，要找出这个技术在空头（下跌）、盘整（震荡）以及多头（上涨）这三个不同时期的表现，毕竟现在市场上很多的技术和方法都只适用于某些状况。有些技术在多头时表现得很好，例如均线、KD指标、存股，但若是遇到空头，或者盘整时用这些技术就会开始赔钱。大部分技术都会存在适用性问题。

以我的经验来看，大部分投资人因为手边的看盘软件不够好，所以做回测的周期没办法超过半年。以前的我，每学到一套技术都会拿到盘上去做10年以上的模拟实验，空闲时间更会拉长到做15~20年的模拟实验。我一是要看这个技术到底有没有用，二是想通过回到过去，看看自己在这些盘势发生时的应变能力。

我想在这里用前面章节提到的J派逆布林来帮大家做一个简单的回测练习。为了方便说明如何回测，我在这里就用前面提到过的台化举例。

大家还记得J派逆布林吗？假设J派逆布林的做法如下：

> 1. 在布林通道下缘位置买进。
> 2. 突破布林通道上缘时，不管任何技术分析，赚到自己满意的报酬就卖掉。
> 3. 停损设定 10%。
> 4. ＿＿＿＿＿。

又因为期货的报酬率非常高，所以当我们将 J 派逆布林套用在股票上的时候，我建议大家尽量设定 30% 以上（1 倍也可以，但事实上这需要动态调整，我后面会说明）的报酬率。

前面说过，回测的时候务必区分下跌、震荡、上涨三种时期的表现，这是为了知道自己使用的技术的盲点。其实，基本上每一种技术或方法都有它特别强和比较差的时候，回测就是为了让大家在它强势的时候多去用它，而在方法不适用的时候尽量避开它。能做到这样，我们才可以算是一个合格的操盘手。

另外，回测还有一个重要的目的，就是让自己回到过去，以便模拟自己在盘势中的情绪变化。根据我的观察，有些技术虽然能用，但往往因为和个性不符而让我们无法遵守规定。如果我们把自己习惯用的技术拿去回测，我认为有很大的概率可以避免这个问题。

现在我就带着大家一起回测。我把图7-1中的台化分成几个不同的区段，我们从下跌段开始看起。另外，我希望大家尽可能地利用手边的电脑去做回测，这样感觉会不太一样，我相信用电脑做会有更多盘感和心得。

回测就是这样，不用太科学，目测即可。我希望大伙边看图7-1边感受一下，你也可以写下一些自己观察J派逆布林实战所看到的优劣迹象。

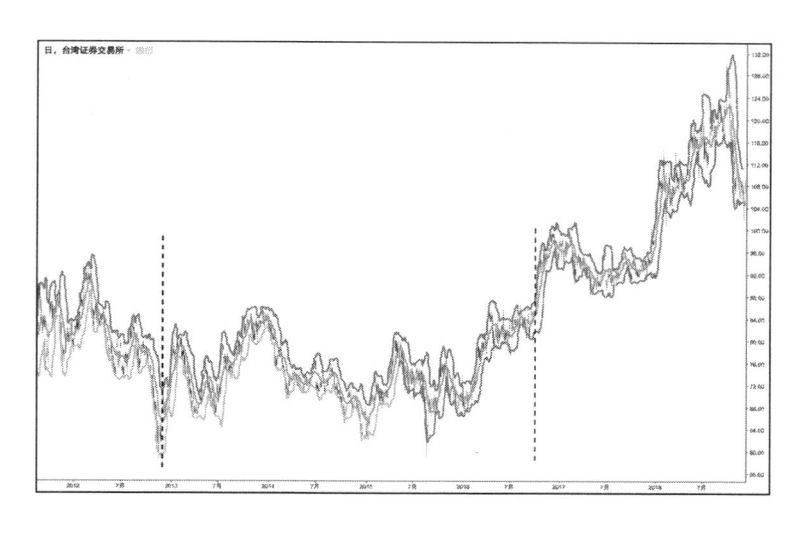

图7-1 我做回测时，会区分下跌、震荡、上涨三种时期

以J派逆布林在空头时期的表现来说，先不论赚钱的概率，大伙若经过回测，应该能发现J派逆布林在空头期

最大的问题，是会在连续下跌段掉入停损地狱。也就是说，在连续下跌与下缘两个条件同时成立时，会不断地停损完又进场、停损完又进场（图7-2）。这种情况就好像凹单吃了一大段下跌段的停损外，又赔上了昂贵的手续费。

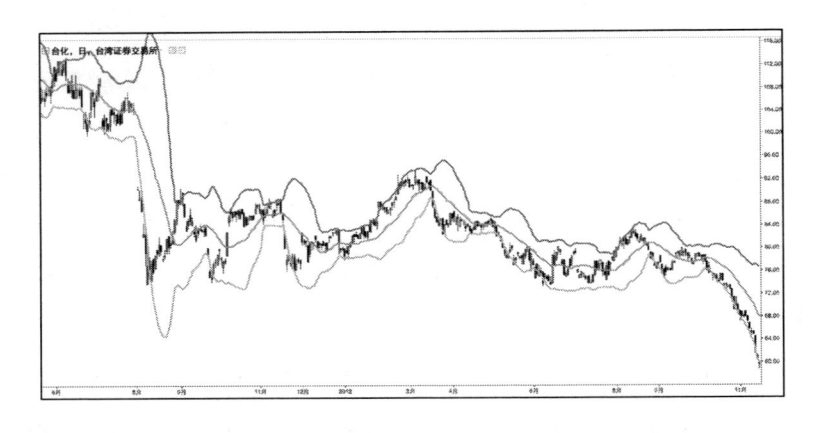

图7-2　回测时要注意连续下跌时造成的可怕亏损以及痛苦心理

即使上涨的时候能有一段获利，但总体来讲收益会非常差。

所以当我们回测到这里时，心里就要有个底，要么空头期不要用J派逆布林，要么我们再想办法去小小修改一下J派逆布林在空头期的用法。

接下来，让我们看看它在盘整时期的表现（图7-3）。老样子，我希望大家先看着图7-3感受一下J派逆布林在里面会遇到什么状况，可以的话我希望你顺便写下来，当作回测练习。

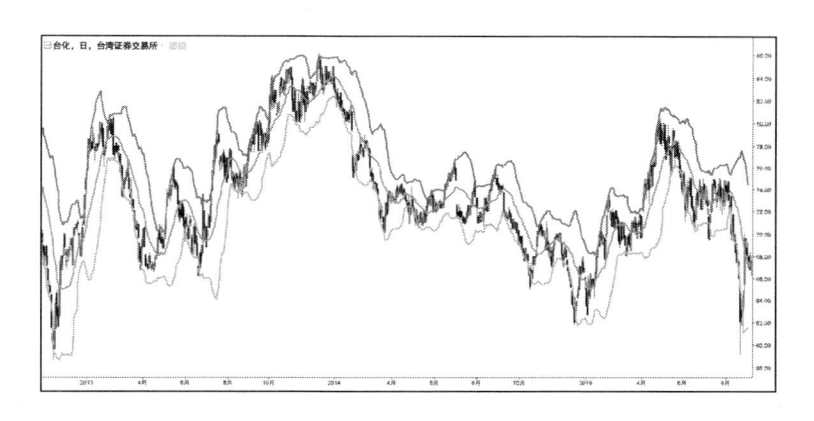

图 7-3　震荡时期的 J 派逆布林

回测后，大家应该会发现，用 J 派逆布林的收益明显比在空头的时候好多了。但所谓的好多了并不是大赚，而是不会大赔。

我还是要强调，在股市，没办法暴赚的做法都会浪费我们的时间。股市风险大、耗时长，如果只是小赚实在是太可惜。

回测过后，大伙可以发现，虽然在连续下跌与下缘两者同时发生时 J 派逆布林一样会出现连续停损，但上涨时的幅度却也大了许多。毕竟以布林通道的本质来说，本来就是涨多回档、跌多反弹的概念，所以在震荡行情里面本

205

来就不会吃大亏。大伙回测完再搭配一些停损停利,在震荡行情里当然是可以获利的。只不过大伙应该会发现,获利明显并不够大。

而在震荡行情中,我们无法选择只做多不做空,因为在震荡行情里面涨跌不容易判断,所以此时回测的重点就在于如何在震荡行情中设定更好的停损和停利。

接下来,我们来看看J派逆布林在上涨时期的表现(图7-4)。同样,请大家判断一下J派逆布林这个技术在图7-4中的表现,可以的话我希望你能写下一些观点和实战中会遇到的问题。

图7-4 上涨时期的J派逆布林

大家应该不难发现,收益明显好多了。

这时候的停利,你用一半涨幅停利法或是目标停利法

（先设定好报酬率，到了直接清仓）都可以。我用J派逆布林的概念并不是等待均值回归，而是赌大的。我是要暴赚，所以均值回归我只用在买进上，而停利，我希望让它尽可能放大。

回测完上涨趋势段以后，我希望大家能看到停损设定的重要性。如果我们只愿意设定过小的停损，很有可能会被轻易地扫出去，而停利更是重点。无论如何，大家一定要想尽办法待在场内。

经过以上三个步骤，我们就已经做完J派逆布林在下跌、震荡、上涨三种时期的回测了。大家有什么感觉呢？

我先帮大伙整理一下：下跌段停损大且多、震荡段获利不理想、上涨段获利惊人。

回测就是要帮我们整理出这些信息。经过回测，所有平凡无奇的招式都能变得神奇。我们一起做过J派逆布林回测以后，相信大家都能得到一个重要的结论：只做多头。

所以我在前面提及J派逆布林的做法时有留空，第4点我想要填入的就是：

1. 在布林通道下缘位置买进。

2. 突破布林通道上缘时，不管任何技术分析，赚到自己满意的报酬就卖掉。

3. 停损设定 10%。

4. 只做多不做空。

随着回测时间和次数不断增加，我相信大家还可以整理出更能赚钱的强力规则，这就是回测的重要性。在股市，看盘时间长短不重要，盯盘也未必需要，但盘后做好回测，我们就可以把工具（或技术）化平凡为神奇。

前面提到的一半涨幅停利法，就是所谓的策略，大家可以在各种技术上试试看。以台股来说，只要买进后涨幅超过 5%，那就是个好买点（前面提过，所谓的好买点，就是买进不久后就涨）。一半涨幅停利法的核心在于：

当涨幅超过 5% 后，一律拿出其中的一半利润并想办法待在趋势里。

以台化来说，假设买进点是 100 元。

当涨幅到了 10%，就用赚的 7.5%（5%+2.5%）做最后停利点。

当涨幅到了 15%，就用赚的 10%（5%+5%）做最后停利点。

当涨幅到了25%，就用赚的15%（5%+10%）做最后停利点。

以此类推。

这种做法的好处是只要看对行情，而且买进后上涨，我们就可以不断地保持利润，另外也可以让心情稳定，不会有白忙一场的痛苦感。

当然，你也可以考虑在每次赚到一点点的时候就先行卖出一半，有回档再低接，没回档就少赚一点，反正少赚也是赢。方法太多了，而这些都是非常重要的策略。

但这个策略在回测的时候还是要注意两个重点：

1. 是否有时间盯盘？如果不能盯盘，那是不是要改成周期较长的操作？

2. 是否能通过震荡测试自己的技术？如果该技术不能通过震荡，那么是否有加强的空间，或者直接放弃整套技术？

认识我的人都说，2011年好像成了JG的交易分水岭。2011年以前，JG的交易方法还是融合了部分的顺势交易；而在2011年以后，JG已经彻底转型成反市场的交易者——这就是因为回测，而且是经年累月、花了大量时间做的回测。

我觉得自己和以前最大的差异,就是现在我在股市变得更开心了。

从前,我总是想要比别人抢先一步进场获利。赚得比较慢吗?倒也不会,但每天都非常紧张,我记得自己总会在8时30分以前买好早餐、煮好咖啡,在电脑前手写着自己近期内犯的错误,反复阅读自己的交易日志,期许自己在15分钟后期货开盘时可以做到不失误。

这种模式下,我赚到了钱但内心也承受着极大的压力。

当我发现因为不断回测决定转为反市场交易者的瞬间,内心的恐惧似乎完全消失了。我仿佛能感受到市场的声音。因为几百几千次的回测,我终于可以接受自己不可能永远比其他人的速度快;因为回测,我找到了最适合自己的方法,也因此接受自己的反市场个性。

那是我第一次在股市感觉到舒服,也是我终于可以告诉自己不用担心,因为这么舒服,所以我一定可以在股市赚一辈子。

回测就是这样,我猜通过这个章节的学习,大家一定已经了解了什么是回测,以及回测的重点有哪些,希望大家未来不管学了多好的技术都要习惯做回测,并且发展出自己的策略。通过模拟，首先我们可以深刻了解自己是否愿意承受这个技术背后的风险，其次你对这个技术的掌握度更高，掌握度高就有信心，有信心就下单稳，下单稳就能获利，然后得到获利的正回馈。

回测同时也是在帮我们做删减法，帮我们筛选出最有效的买卖法则。做股票或其他品种，请尽可能保持低次数的买卖，"KISS（Keep It Simple and Stupid，保持简单和直接）法则"就是最棒的。只要买卖次数一多，心魔就起，失误就会出现。有些事情短期看起来似乎有利可图，但很多人不知道久了它们会成为自己在股市赔钱的主因。

尽量找出时间给自己，心甘情愿地 Keep It Simple and Stupid。

第 8 章　JG 8 原则

JG 8 原则，是我综合自己专职操作生涯总结的成果，也是我训练了无数学生的经验总和。我经过多年观察发现，这些原则不只是为了稳定报酬率，也是最容易在股市致富的共同基础。

在股市致富要做到三件事：看对、下大、抱住，另外还需要一些运气。当然，还要不断进行反市场的思考。这 8 个原则就是为了帮助各位读者记忆这些重点而设计的。有些原则大家刚听到可能会觉得不可思议，我会一一说明。我希望这些原则能陪伴各位一辈子，能够作为各位在股市彷徨的时候的准则和依据。

第1节 成为反市场赢家的 8 个原则

原则 1：股票市场就是赌场

我希望跟大家沟通的第一件事,就是请把股市当赌场。我知道这样说很多人会感到不舒服,会认为自己只是想跟着经济增长取得资本利得而已,但这一点关乎你对股市真实面貌的理解。

原则 1 是我所有操作原则的核心,其中最重要的就是承认在股市要靠一点运气。承认这点以后,我们就会变得有勇气,同时也更清楚风险在哪里。

不把股市当赌场的人有几种状况:不敢进场、不愿停损、不够谨慎小心,最后容易患得患失。

大家如果到过赌场,就知道我们根本不可能把全部的钱带进赌场,基本上都是小赌。因为我们知道自己并不会赌,所以小玩几把就可以。

可是在股市，我们却往往把"投资"两字想得太过简单而下大注，常常把"投资"两字想得太过正面而凹单不停损。根据我的经验，越是这样的人，越不可能在股市获利。在这本书的前面我也举了很多例子，就是希望大家明白，在股市获利靠的是把握运气，不要认为自己可以控制市场上所有的变化。

此外，当大家认同股票市场就是赌场的时候，当大家认为赚到的钱是老天爷给的时候，设定停损就会变得自然而然。就像我说过的，只要愿意把停损当作进赌场的门票，我们的心态就会非常健康，这时候才能真正冷静地进入这个高智力游戏。大部分在股市的人，内心都充满兴奋和恐惧，只要我们一冷静，就能赢。

原则2：务必和股市预言保持距离

我希望读完这本书的读者们，尽可能地撇开所有的预测。因为根据我的经验，所有的预测都不可信，在股市要赢在调整，而非事前"算命"。

有个比较重要的观点是，现在网络上有很多预测，但我们要把重点放在产生这些预测的资讯上，而非结果上。

例如，假设预测营建股（地产股）明年会大涨，我们该关心的是现在的房市政策（楼市政策）、余屋，以及哪些地方正在开发。如果有人预测今天带量突破的股票会开始起涨，那我们该做的是把这些股票全部抓出来，看看哪些股票属于未来的好产业。带量突破只是结果，想要找出哪些是真突破，当然要试着去思考什么是"真利多"，有"真利多"的股票，才能喷得长、喷得久。

我希望读者们可以专注于资讯，而非预测结果。我在股市赚的每一分钱都和预测无关，我在市场赚的每一分钱都是靠捕捉恐慌的情绪。我知道要做到不听他人的预测很难，我只希望大伙记得一句话："只有骗子能够预测股价和未来。"

不理会他人的预测，我们就不会每天买进卖出，我们就不会这么恐慌，我们就能专心做功课，从而累积一辈子的财富。

原则3：用财报选股，离暴赚太远

原则3，是我发现目前股市人的最大盲区。简单一句话，财报上显示的是过去的事情，投资是投资未来的事情。我们可以用财报看出一家公司过去有没有爆发力，过去是否稳定，过去是不是财务优等生。但是，过去的事情，你知道我知道，财团法人更是比我们先知道，所有我们在网络上和报纸上看到的消息，都早就已经反映在股价上了，知道有好消息的先买，知道有坏消息的先卖。在这个资讯被监控的时代，股价早已反映。

前面说到要看资讯，这里的原则是要大家有想象力。关注产业、关注景气情况，去想象世界的变化。就像我这些年一直关注人造肉、电动车、电子烟、无人驾驶、医疗，或者各种大数据时代的产业资讯。

买点靠技术，而持有能力需要一点想象力。没有想象力，我们可能每天都会担心涨跌而无法专注在自己的策略上；有想象力，我们就会变成做功课的专家，不太在意涨跌而专注于关键资讯。

而如果真的要从财报看出东西的话，我强烈建议看一个地方就好，就是现金流量表里面的"资本支出"部分。资本支出代表着老板的眼光，代表着全体董事和股东的眼光和决心，代表着他们对未来的赌注，如果你的眼光和他们不谋而合，那么在没有挑选到烂公司的情况下，"资本支出+眼光"才是大黄金。

原则4：暴赚，是最健康的股市态度

前面说过，股市风险极大。如果你只想赚一点点，我真心认为你有更多值得追寻的品种，基金、ETF、美国债券等都很好。但是，如果要进股市，就一定要把目标放得很高，赚取暴利。

不想赚暴利的人容易短进短出，而想赚暴利的人就懂得持有，这两种人挑选股票的方向和心态会有相当大的差异。而一旦想要暴赚，你持有股票的时间就会以3个月甚至1年以上为单位。除非你有超高的技术，否则只有愿意持有股票超过3个月的人，才有享受暴赚的机会。

看对、下大、抱住，我希望大家戒掉短进短出的毛病。

原则5：当然要知道输家的下一步

以我的经验，最大的输家就是容易被情绪带着走的短线客，而我们一定要在他们最恐慌的时候扫货才行。以本书的J派逆布林来说，我介绍给大家的买点就是我认为技术分析者最容易发生恐慌的位置，而我相信大伙只要仔细读前面的章节，一定也会发现这样做胜率很高。

我还是强调，就算胜率高也要知道为什么可以这样做，而不是直接把我书里的方法拿去用。知道原因的你，一定有机会开发无穷无尽的交易方法，只需要你愿意跨出找到输家的这一步就行。

> 输家的特征如下：
> 1. 没耐心→所以我们持有时间一定要长。
> 2. 短线容易恐慌→所以我们只在恐慌时买进。
> 3. 喜欢当冲→绝对不要挂市价买，一定要习惯挂低两档买进，盘中短线振幅越来越大，短线客停损造成的价格波动更大，不可追买。

如果你追求技术分析，我建议你效仿令狐冲学习独孤九剑的精神，把市场上流行的招式都研究透彻，知道盲从者怎么思考，就会更容易在最好的时候买进。

原则6：优势是决定输赢的关键

在股市有几种优势，一定要利用：
1. 能不能盯盘累积盘感。
2. 有没有产业背景优势。
3. 人脉是否充足、有无业内消息可用。

我见过无数投资人，不能盯盘却选择当冲，有产业背景优势不用却喜欢听分析师的分析，有人脉却不好意思打探产业变化和近况。或许有人会说研究股票不需要搞那么复杂，但这些明明可以让我们更容易筛选出能暴赚的标的，有就一定要用。

记住，你来股票市场是来赚钱的，不要坚持一种战术打到底，有任何的方法可以帮助我们判断的都不要放弃。我认识一位厉害的交易员，他每天有空就是上网查资料，从网络论坛找他要的产业资讯，再去向产业内的朋友请教。飙股就是这样找出来的，有优势就要穷追猛打，一定要跨出去。

原则 7：赢家第一课——风险报酬比

原则 7 和原则 2 相呼应，在股票市场赚钱靠的不是预测，而是在最好的点买进。这里所谓的最好，就是符合好的风险报酬比，也就是在亏损很小，但上涨空间很大的时候就买进。就像第 3 章提到的 J 派逆布林战法，我希望大伙都知道，在布林通道底部买进并不是因为觉得碰到下缘一定会涨，而是因为下缘的停损很好防守，而且通常股价没继续跌都会喷出去。

风险报酬比的观念关键在于防守，然后把防守当作最好的进攻。我们永远要记得，股票市场的风险顶多就是买进成本到停损点之间的距离，风险报酬比就是要我们只在最安全的距离进行攻击。

原则8：要赚一辈子，一定要有全面性的操盘力

大部分的人知道赚一辈子才有办法致富，而大部分的人不晓得，要赚一辈子靠的是"基本面+技术面"双能力。虽然我是技术面出身，但这些年来我对基本面也花了不小的心思去研究。用技术面找买点，而基本面可以让我们更有信心。

根据我的训练经验，其实每个人在心里都有一个资金上限，有人是50万元，有人是200万元，有人是1000万元。我训练过几个非常厉害的学生，其中一个的资产在3000万元的水位增长减缓，他是超级交易员，也开了一家投资公司，但他不断告诉我，自己从事交易很苦，觉得非常有压力，见面一聊，才发现原来是他的技术面没办法帮他缓解心理压力。

纯做技术面的，每天看着K线买卖，一下赔5万元，一下赚20万元，一下连续停损好几笔超过10万元的，结

果某天行情好又赚了 100 万元……

我当时跟这位了不起的学生谈了很多，其中最主要的，就是希望他多接触基本面分析，不要坚持短线交易，花时间研究产业面和景气变化程度让自己放松心情。

不知道大家有没有发现，纯做技术面的人都有个资金的心理极限，也就是说，当他们的资金在到达这个心理极限之前，资金增长的速度都非常惊人，可是大部分的人到了 2000 万元时，你就会发现他们的世界不知道为何突然慢了下来，就像我那个学生一样。

我告诉他，希望他多去关注景气情况、产业和政策动向，一天累积一点，把关注盘面改成研究总体经济。我当场告诉他我买了哪些标的以及原因，标的有国内的也有国外的，但关键是我利用技术面做买进后，我就会开始用"基本面+技术面"的双向停利法。我跟他说，这种双向停利法可以提高胜率。

我建议他买一本最简单的宏观经济学的书，只要搞懂基本名词就好，看一下 GDP（国内生产总值），研究一下通货膨胀的历史，了解升息降息对景气情况的影响，研究 PMI（采购经理指数）、CPI（居民消费价格指数）等重要指数，研究世界产业变化，接触最新科技。

最后，最关键也是最重要的，我建议他不要只看表象数据，要用技术面去比对，不要迷信宏观经济的数据，因为我们不是专家，太专注于宏观经济对于在赌桌上的我们一点优势都没有，我们要用技术面去比对。

> 总体经济弱+技术面强→市场超强→重押
> 总体经济好+技术面弱→市场超涨或有短暂疑虑→减码
> 总体经济好+技术面强→安心持有
> 总体经济差+技术面弱→空手

其中我认为当宏观经济被普遍认为不好时，就是发挥技术面的时候了。要知道，在这资讯极为发达的年代，K线越来越是真理，因为所有的资讯都在里面，许多大投资机构、法人对未来的看法都比散户专业，而K线就是结果，我们只需要跟随它就可以。

有了这些交叉比对，再加上产业未来性的资讯，我告诉他，这样就可以大幅减少进出，虽然没办法像当冲每天都有资金进账，但获利不会差，重点是可以靠这些突破自己的资金上限。

一年过后，他说自己的资金终于有了突破性的增长，他卡在3000万元已经一两年了，这一年终于突破了4000万元。更重要的是，他对专职投资不再感到恐惧，他很享受每一天的专职生活，现在的他身心平衡。我相信也只有这样才能赚一辈子，并在股市拿到惊人的财富。

很多人对研究基本面可能过于恐惧，别误会了，我不是要大家当经济学家，只不过要进股市就一定要了解他人的恐惧、他人的想法，而这些都是重要的股市语言，当然要弄懂。

有一句股市名言："在别人贪婪时恐惧，在别人恐惧时贪婪。"这也是我给大家最好的建议。想办法听懂股市语言要摆在学习投资的第一位。这本书给大家的股市语言是偏技术面的，对很多人来说已经可以赚到第一桶金甚至更多，但为了突破我们心理上的资金上限，大家别忘了也要开始慢慢地弄懂基本面甚至宏观经济的股市语言。

当我们懂得越多层面的股市语言时，就越能通过反市场来获利。

第 2 节　个性化交易的 4 个步骤

能读到这里的朋友，辛苦了，我的书因为比较偏重实战，因此并不是那么好读。接下来我想给大家一个计划，希望这个计划可以让所有阅读本书的新手或老手都能有一个新的开始。无论你是第一次进场、先前亏损还是想要更大获利，都可以从这本书提供的观点与技术中找到适合自己的工具，一辈子获利。

> 个性化交易的 4 个步骤：
> 步骤 1. 目标设定。
> 步骤 2. 回测技术。
> 步骤 3. 拟订交易计划。
> 步骤 4. 执行与调整。

以上 4 个步骤对大部分工作忙碌的人来说，大概需要

30天才能完成。这时间说短不短，说长不长，但作为再出发之前的沉淀，30天是很棒的启动周期。接下来我会带着大家走一遍流程（表8-1）。

表8-1 个性化交易的4个步骤

步骤1. 目标设定	步骤2. 回测技术	步骤3. 拟订交易计划	步骤4. 执行与调整
❶厘清进市场的目的 ❷了解自我与个性 ❸了解个人财务与工作现况 ❹制定致富目标	❶找出常用技术 ❷技术回测（10年）（多头、空头及盘整） a. 检验胜率 b. 测试风报比 c. 检验买卖策略 ❸执行面回测 a. 工作时能否盯盘？ b. 能否通过震荡期？	❶进场策略 a. 设定风报比 b. 执行分批计划 ❷出场策略 a. 停损： 心理停损 价格停损 b. 停利： 目标停利 有赚不能赔 赌博式停利 移动式停利	❶养成赢家习惯 一口单 当自己的CEO ❷写交易日志 ❸调整交易计划 a. 检讨赔钱单子 b. 调整进场与出场策略 ❹必要时，回到步骤1，重新设定目标

步骤1：目标设定

股市中的困难在于，所有技术都是需要个性化的。就如前面提到的回测，利用同样的技术有人可以赚，有人却不行，关键在于每个人的忍耐度不同、资金水位不同、风险承受度也不同。所以我希望大家做的第一步是厘清自己进股市的目标，先把目标定好了，后面每一件事都会变得容易。

我的父亲有一句话我永远忘不了，他总是告诉我："最烂的计划也好过没有计划。"

所以我刚进股票市场时，就拟了一份作战计划书，分析了目的、个性、现况，知己知彼，百战百胜，所以进股市的第一件事就是要分析、了解自己，找到一个合理且可达成的目标。

1. 厘清进股票市场的目的。

我期望的生活：赚到一笔钱环游世界过日子，报酬低一点也没关系。

2. 分析自我与个性。

我对物质并没有像一般人有那样大的欲望，但我想要自由。

从小到大，我在投资时从来没有一丝情绪。

我非常擅长看出规律。

我大学最高分的科目是逻辑学。

3. 我的财务与工作现况。

一个月休4天，白天可以盯盘。

公司很好，工作有发展性，但我不喜欢"填鸭式教育"。

一个月可以存2万元，一年存24万元。

4. 制定致富目标。

因为我手上的钱很少，所以我不想只赚取一点零用钱。希望2年内能赚到属于自己的一桶金。我设定第1年就要至少翻倍才甘心。我可以全程盯盘，所以我愿意学习短线交易。

回首这十几年，当年这个作战计划对我的操作来说，非常重要。市面上的书鲜少提到目标设定。目标设定的关键在于，找出最符合自己个性的获利方法，它是一项评估野心和你在股市的心理承受力的重要工作。

在这个步骤中，我们可以先放大心中的报酬率，设定一年50%、80%甚至1倍以上都没有关系。我希望大家在这个步骤先不要设限，毕竟高报酬率通常伴随着高停损率，这个步骤同时也是为了找出我们痛苦的最大值是多少。

当界定出最大痛苦值时，我们就可以安心地去追求自己希望的报酬率了。

步骤2：回测技术

市场上的大部分技术都因为过时而有缺陷，其实，只要想办法回测（完整方法在第7章），了解方法的适用性，收益就能有一定程度的改善。但别忘了，在回测自己技术的时候，一定要试着思考下面几件事：

- 和我用一样技术的人，他们会在哪里兴奋、在哪里恐惧？
- 务必边回测边离开大众思维，过不了多久，你会很自然地站在反市场的角度看股市。

步骤3：拟订交易计划

根据风报比，设定你的停损停利与分批计划。风报比一定要事先计划才行。在股市买进，永远不是因为这里会涨，而是因为在这里买进有非常好的风报比。

这一步骤是为了让我们脱离股市预言家的身份，变成一个真正的实战者，从实战角度思考所谓的策略。这部分只要做好，你将会发现看对、看错并不重要。只要每次下单都是依据策略，那么你将会体验到看错也有可能赚钱的股市赢家经历。

步骤4：执行与调整

下一口单，撰写交易日志，随时调整你的个性化交易系统（SOP）。交易时间长了，我们更需要反省自己。进股市越久，学的技术将会越多越混乱，若没有经过交易日志和一口单的测试，我们将会被自己所拥有的丰富的技术压垮。

大家应该有所发现，股市"菜鸟"非常容易在多头市场赚钱（空头会赔回去）。从某方面来说，正是因为他们单纯，所以他们可以非常专心于自己的操作而不混乱，而老手常因为知道得太多，而不断产生兴奋与恐惧的情绪。

勤写交易日志，对新技术怀疑的时候尽可能地先用一口单测试。这个步骤的目的在于让我们的交易越来越简单，别忘了 KISS 法则。

以我来说，目前我的交易策略只需要一张 A4 纸就能搞定，这也是我买卖能够这么快速干净的主要原因。

接下来就换各位了，让我们一起用这 4 个步骤来打造自己的 SOP，我希望这本书能成为陪伴你进行股市操作的一本书。

见此图标 成为反市场
微信扫码 操盘高手

实例分享 4

挑战海外期货的多市场

素人迈向大师的终极挑战

2018年的股灾是在10月，小杨虽然逃过下跌，但也因此空仓了近半年。他因为工作外派到泰国而错失了2019年初的台股大买点，除了感到可惜，他也开始思考更进阶的交易策略。

如果台股一直没有出现合适的买进机会，那他岂不是得空仓很久？

他这几年的获利很好，但若台股之后的涨幅没这么大，收益该如何继续维持？

更重要的是，小杨因为这几年收益变好，更贪心了。但他不是对金钱贪心，他是对时间贪心。他并不是物质至上的人，花费并不高，但他现在最怕自己错过陪伴孩子成长的时光，他担心收益一掉下来，提早退休的计划就得延后。

少赚不是问题，赚得慢也不是问题，但没赚钱机会是大问题。他因为空手半年到现在还看不出任何合适的买点而感到焦虑。

我告诉他："现在没单可下，反而是学习新东西的时机，可以让自己准备迈向大师之路。过去我虽然钻研技术分析，但我也私下请教了一位大学的经济系教授，请他为我一对一上课。"

说完这句话，小杨就被我吓倒了。

已经会技术分析和基本分析，还需要学宏观经济学吗？

以往大家对JG的认识是期货出身，而且百分之百以技术分析为主，如同我的偶像——《专业投机原理》的作者维克多·斯波朗迪（Victor Sperandeo）一样。

很多人可能忽略了一件事，虽然斯波朗迪是扑克玩家出身的技术分析天才，但他后期却花了大把时间钻研经济学，所以我也跟随他的脚步，乐于研究所谓的基本面。

刚进市场的时候，我埋首苦读了不少经典，我可以大胆地说我的基本面知识比很多经济学本科生还要丰富，但我内心不敢确定自己的理解是否完全正确，因此我决定花钱请大学经济学教授来帮我更清楚地看这个世界。

小杨接受过我的训练，知道我的股市哲学是反市场，也就是不迷信"正统"经济学，那么，为何我又要学习"正统"经济学呢？

答案很简单，学习"正统"经济学的目的是了解规则、看透规则，让我提高胜率。我想通过大部分专家的眼睛看世界，知道他们怎么看世界以后，我才能从中获取超额报酬。

每个人都会遵循一套基本规则，就像红绿灯，大家看到红灯都会停下，看到绿灯都会走。如果我知道更全面的基本面规则，那么我就可以研究出在有限生命中如何更快达到目的。

我跟小杨说，如果你嫌台湾股票市场机会不够多，那你一定要把钱投入多市场。我训练的学生有不少人用我的方法延伸应用到美股、海外期货甚至货币交易中。如果想掌握更多海外机会，就一定要着手研究宏观经济学的模型，财报可以随意看，产业也不需要研究太深。

如果你已经准备把钱投入海外更多元化的市场来获得更高的收益，就必须想办法让自己在做多市场的时候和做台股一样，敢下大注。可是偏偏台湾投资者在投资海外市场（比如美股）的时候，少了很多可供参考的资讯。这时要敢下大注，勇气来源就是明确的大局观和技术分析。

甚至对于一般人来说，无论我们对产业有多了解，任何一家企业的发展都和景气情况息息相关，如果只熟悉某产业却对大环境不够了解，那么你哪怕资金够大也几乎没有下大注的勇气。

因此我给了小杨一个比较特别的建议：研究宏观经济，但别太过深入。这是由于许多股市玩家常因为过度钻研各种经济数据报告，而陷入过度预测的陷阱。

预测在很多领域都会发生，从天气、经济、商业到人生命运，永远都有大量的专家与名嘴在预言。

这些预言当作媒体炒作或是茶余饭后的聊天话题是蛮有意思的，但如果在股票市场，预言会变得非常危险。

这些市场预言会不断干扰你的看法，让你的判断变得混乱。每个加入我社团的朋友都会发现一件事，我的社团里不但禁止发表明牌，更没有任何大盘分析的市场预言，因为这两者都是导致散户输钱的杂讯。

但，就算远离股市杂讯，导致输钱还有一个关键，就是过度相信自己创造的市场预言。

人有个惯性，当在一个领域知道越多资讯时，往往会产生可以看到未来的幻觉。更危险的是，如果真的被他猜对几次，更会强化他真的有预测未来能力的信念。

事实上他可能没看到其他事件或经历预测错误，但人类心理机制为了保护自我，会自动忽略这些资讯，导致证据摆在眼前也会欺骗自己：我预测的一定会发生，只是时机或条件未到而已。

过度预测就是这些人无法按设定目标停损停利，最后亏钱的最大原因。

我提醒小杨绝对不要试图用宏观经济学预测未来，但要反过来利用，把宏观经济学当成一门股市语言来学。就像我们了解的技术分析或基本分析的语言一样，关键是弄懂大家看到数字或数据时在想什么。

这也是反市场思维在宏观经济学中的应用。

小杨后来研究了一阵子宏观经济学后，开始了解怎么运用这个全新的股市语言，配合 J 派训练的关键点买进海外期货，并且分批进场持有，2019 年涨幅已经到 40%，照这进度来看，他的退休计划很可能提早实现。他已经预先帮小朋友安排了明年暑假的迪士尼之旅。

后记 股市是世界上最公平的战场

还没出社会时,我常思考:自己的出路到底在哪里?没有人脉、没有家产,只有梦想的我该怎么做呢?

还记得当时梦想很渺小,我只想在对的时间看球赛而已。一个补习班老师是几乎没有假日的,但偏偏大部分最精彩的冠军赛都会在工作日白天进行。当三五好友聚会时,我却在补习班进行着"填鸭式教学",当时我真的很痛苦。

然而资本当道,企业大者恒大,我又该如何"负责任地抵抗"呢?直到我遇见了股市。在股市,我见到无论是有钱人、穷人,年轻人、老人,男人、女人,每个人的情绪在里面飞扬、疯狂。那个瞬间是我这辈子第一次找到出路,我觉得自己可以在股市找到属于自己的自由。

很幸运,虽然不是大富大贵,但我从24岁开始就专职操盘一直到现在。从那时候开始，自己没有看过任何一个外人的脸色活着。每个人都羡慕我，当朋友无法参加聚会的时候，JG一定是可以出席的那个人。和当补习班老师时不同的是，这个残酷的社会再也绑不住我了。

只不过当时的我并没有发现，我只是换个模式把自己给绑住了而已。

当时我的交易模式让我很辛苦，而且我还是摆脱不了顺势交易的阴影，顶多只能算个比较叛逆的顺势交易者，我总是会烦恼自己用的方法会不会过没多久就不能用了，会不会这个月可以赚钱，而下个月就赔回去了。我总会担心自己用的方法和其他人的差异并不大，会不会没过多久自己的方法就被模仿了。

因为有这些担心，所以我做当冲，也做日股、美股。当然，我也喜欢波段交易，尤其在我擅长的股票、期货上。

总之我当时只有一个念头："能赚就多赚，再不赚就来不及了。"

我那时和每个进股市的人一样，赔钱不爽，赚钱也怕。当时我在VIP室认识了很多不错的交易者，但这些人没过几年就消失了一大半，原因竟然都是他们的方法越来越不适用，而被淘汰了。

如果方法会失效，那么在股市要怎么做才能赚一辈子？如果不能赚一辈子，那又怎么样才能算得到自由？

答案就是反市场。

只有反市场才能让自己在股市不需要拼命跟别人抢。对我来说，反市场是一种毕生可用的股市哲学。

反市场才是永恒

经历几年不断的修正后，有一天我突然发现当下用起来最开心的交易手法，竟然和当初引以为傲的技术完全相反，那一刻我彻底领悟了反市场。那一刻，我在股市才第一次感到自由、畅快，我再也不用烦恼手上的招式会失效了。

2011 年以后，我在收盘后终于不用这么激烈地做检讨，我开始一星期运动 5 天而且过得非常自主、开心，可以说，是股市让我真正呼吸到了自由的空气。

更不用说我在 2014 年带着全家人进行了疯狂的世界环游。

相信大家听过一句话，世界上永远不变的事情就是改变。股市当然也是一样，别害怕，请大力地去拥抱它。

股神巴菲特曾说过，要在别人恐惧时贪婪，在别人贪婪时恐惧。这句话本身有很多含义，而其中一点，就是在股票市场赚钱必须深刻了解人性，因为赢家大部分的动作都是违反人性的。这并不是一件容易做到的事情，需要先熟悉股市规则、感受群众情绪、认识自我而后做出改变。

本书不是一本传统股市工具书，我定位这是一本体验之书。希望大家能感受到我想带给你们的全新体验，可以开始用反市场的思维来面对股市中流传的所有工具或技术，从最不盲从的视角来获利。

股市是最公平的线上游戏战场，未来肯定是个高龄化的世界。将来我们都会大幅延长自己的寿命，我希望读完本书的你，在年纪变大、体力变差前，已经永远不会被市场主流带着走。

我心目中的一本好书，是能改变人的阅读体验。我希望借由浅显易懂的文字，让认同我的朋友们，用反市场思维摆脱那些赔钱的既有人性，渐渐转换成赢家的大脑，希望大家都能因为在身体里种下的反市场观念而成功。

希望各位读者阅读至此都能感受到自己开始有一丝丝的改变。祝福各位和我同样幸运，有朝一日在股票市场拥有属于自己的美好人生。

大家辛苦了，我是JG。